미래의 런던 아이코닉 런던

일러두기

직접 투어하는 듯한 현장감을 살리기 위해 인터뷰 형식을 빌려와 구어체를 사용했으며, 맞춤법에 어긋나는 표현을 일부 사용했습니다. QR 코드를 찍으면 해당 콘텐츠와 관련된 음악과 영상을 감상할 수 있어 현장감을 더해 줍니다.

미래의 런던 아이코닉 런던

성종민, 김규봉 지음

이담북스

하트퍼드셔
바넷
해로
헤
버킹엄셔
브렌트
캠던
힐링던
일링
플럼
켄싱턴 첼시
하운슬로
원스워스
리치몬드
버크셔
모르덴
킹스턴
서턴
서레이

에식스
필드
월섬
포레스트
레드 브리지
헤버링
크니
바킹 대거넘
타워
햄리츠
뉴엄
그리니치
벡슬리
루이섬
브롬리
이던
켄트

목차

추천사 9
머리말 15
투어 소개 21

Part 1. 패딩턴 *Paddington*

Place 01. 런던에서 베니스의 낭만을 즐기다 *Little Venice* 27
Place 02. 산업 혁명을 이끈 패딩턴 운하의 이유 있는 변신 *Paddington Basin* 36
Place 03. 기상천외한 방식으로 접히는 다리 *Rolling Bridge* 43

Part 2. 킹스 크로스 *King's Cross*

Place 04. 해리 포터의 9와 3/4 승강장 *King's Cross Station* 55
Place 05. 석탄 창고에서 복합문화상업공간으로 탄생 *Coal Drop Yard* 65
Place 06. 런던의 역사가 담긴 고전 건물과 현대식 공간의 조화 *Google London HQ* 73

Part 3. 시티 오브 런던 *City of London*

Place 07. 독일 대공습에도 살아남은 건물 *St. Paul's Cathedral* 83

Place 08. 이것은 냉각기인가 예술작품인가 *Paternoster Vents* 98

Place 09. 런던 속의 진짜 런던 *City of London* 103

Place 10. 환골탈태한 런던의 스카이라인 *New Skyline in London* 110

Place 11. 바빌론 공중 정원의 재림 *Sky Garden* 121

Place 12. 런던 최초의 환경친화적 빌딩 *30 St Mary Axe* 127

Place 13. 모듈형 건축의 끝판왕 *The Leadenhall Building* 135

Place 14. 하이테크 건축에서 탄생한 미래 지향적 빌딩 *Lloyd's Building* 141

Place 15. 새우의 등껍질에서 영감을 받은 빌딩 *Willis Building* 146

Part 4. 카나리 워프 *Canary Wharf*

Place 16. 버려진 항구에서 유럽 최고의 금융 중심지로 *Canary Wharf* 159

Place 17. 과거의 영광인가 반성인가? *Museum of London Dockland* 171

Place 18. 스타워즈에 등장하는 우주 정거장 *Crossrail Place* 177

Place 19. 빅벤의 오마주 *One Canada Square* 184

Place 20. 리먼 브라더스 사태의 여파 *25 Bank Street* 191

Place 21. 두 마리의 사자상이 지키는 빌딩 *8 Canada Square* 195

Part 5. 서더크 *Southwark*

Place 22. 런던의 과거와 현재를 이어주는 다리 *Millennium Bridge* 207

Place 23. 화력 발전소에서 21세기 가장 성공한 현대 미술관으로 *Tate Modern* 218

Place 24. 가장 영국적인 극장 *Shakespeare's Globe* 228

Place 25. 강변 지역이 문화 예술의 중심지로 *South Bank* 238

Place 26. 런던의 야경을 한눈에 볼 수 있는 런던 최고의 마천루 *The Shard* 246

Place 27. 차가운 건물에 불어넣는 따듯한 디자인 *Guy's Hospital* 253

Place 28. 유리 달걀 모양의 친환경 빌딩 선구자 *City Hall* 258

Part 6. 그 외에 가 볼 만한 곳

Place 29. BTS도 공연한 돔 공연장 *O2 Arena* 266

Place 30. 런던의 부동산 *Real Estate in London* 272

투어를 마치며 288

추천사

2019년 여름 JTBC 창사 이래 가장 많은 인원이 유럽 출장길에 올랐다. 회사의 혁신을 위해서라는 거창한 목표를 가지고 런던을 향해 갔지만, 이미 방송은 한국에서도 모니터링하고 있었고, 우리의 포맷들도 영국에 팔려 가는 와중에 '과연 더 배울 것이 있을까'하는 편견도 가지고 있었다. 게다가 빨간바지 여행사에 부탁했었던 '아이코닉 런던'이라는 프로그램은 이미 유럽 출장과 여행을 수차례 다녀왔던 나에게 새로울 것이 있을까 하는 의문을 주었다. 그리고 이미 우리나라는 최첨단인데 찬란했던 대영 제국의 과거와 그들이 그리는 미래에 대해 우리가 아이디어를 가져갈 것이 있을까 하는 의문들이 수많은 임직원들을 챙겨야 하는 나의 어깨를 무겁게 했다.

그러나 그런 걱정들은 기우였다. 런던은 나에게 우리가 생각하지 못했던 새로운 방향들을 제시해 주었고, 그것은 방송 프로그램을 만드는 우리에게 직간접적인 영향을 적지 않게 주었다. 이런 훌륭한 투어 프로그램을 만들어 줬던 빨간바지 성종민 대표의 노고에 감사드린다. 코로나로 인해 모든 여행업이 멈춘 지금 이렇게 책으로 그날의 감동을 펼쳐 놓으니, 요즘 시쳇말로 우리의 아름다웠던 기억들이 박제되어 영원한 추억으로 우리 곁에 남은 것 같다.

그날 각종 변수들과 사고들로 인해 시간 관계상 다 보여 주지 못했던 부분까지 더해진 이 책을 읽고 나니, 다시 한번 런던을 갈 수밖에 없을 것 같다. 도시 재생과 하이테크 건축에 그의 높은 식견과 탁월했던 스토리텔링이 이 책 속에 고스란히 담겨있으니, 도시 재생을 담당하는 분들이 케이스 스터디용 자료로 참고하기에도 참으로 훌륭하다. 케이스 스터디 책들이 보통은 어렵게 집필되어 있는 경우가 많은데, 정말 어린 학생들도 재미있게 볼 수 있을 정도로 참으로 쉽게 풀어져 있다.

특히나 이 책의 특징인 영상과 음악이 함께하는 구성은 참으로 새롭다. 그날의 풍경들과 감정들을 생생하게 되살려 준다. 2019년의 여름, 그날에도 빨간바지는 다양한 음악과 함께 우리를 흥분시키고 또 감상에 빠지게 했었는데, 이렇게 책을 읽으며 그 음악과 영상들을 보니 마치 시공간을 이동해서 코로나가 없던 그날 그 시간으로 되돌아간 듯하다. 빨간바지의 성종민 대표가 투어를 시작할 때 말했던, 평범한 일상을 새롭게 만들어 주는 것은 음악이고, 여러분의 기억을 영원한 추억으로 만들어 줄 거라던 그의 약속을 이렇게 지켜 낸 것에 대해 무한한 감사를 드리고, 코로나가 끝이 나면 다시 한번 그와 함께 여행을 떠나고 싶다.

JTBC 스튜디오
전략실장 최재혁

런던은 명실공히 전 세계에서 가장 많은 방문객이 찾는 도시입니다. 그 이유는 무엇일까요? 런던에서 20여 년 동안 연구하고 활동하면서 런던이 다른 어떤 도시보다 교훈적이라는 사실을 비로소 깨달았습니다. 다시 말해, 런던은 많은 도전과 시행착오를 거치면서 끊임없이 성공과 실패를 경험했고, 그 과정에서 이론적, 실제적으로 바람직한 도시를 만들기 위하여 치열하게 노력해 왔습니다.

저자는 지난 10년 동안 런던에서 여행사를 운영하면서 런던을 안내했습니다. 흥미로운 점은 저자의 관심이 단순히 런던의 주요 관광지를 소개하는 차원에서 '도시 재생'으로 확장되었다는 것입니다. 도시 재생은 매우 전문적인 영역으로서 도시의 쇠퇴와 활성화를 정치, 경제, 사회, 문화, 예술 등의 여러 분야에서 다각도로 살피고 이해해야 합니다. 저자는 현장의 경험을 토대로 런던의 주요 지역에서 선정한 30개 장소를 너무 무겁거나, 너무 가볍지 않게 마치 여행하듯 설명합니다. 그러면서 매 순간 차분하게 런던을 관통하는 도시 재생의 핵심을 제시합니다. 아마도 그가 언급한 '마음이 기억하는 투어'가 바탕이라 생각합니다.

이 책에는 런던을 이야기할 때 흔히 등장하는 사례들이 거의 없습니다. 그러나 저자가 신중하게 선정한 다섯 개 지역인 패딩턴, 킹스 크로스, 시티 오브 런던, 카나리 워프, 서더크는 런던의 과거, 현재 그리고 미래를 설명하기에 부족하지 않습니다. 저자는 때로는 건물을 중심으로, 때로는 건축가를 중심으로, 때로는 역사를 중심으로, 때로는 당시에 벌어진 논쟁이나 화두를 중심으로 런던이 진화해 온 과정을 흥미롭게 전개합니다. 그동안 저자가 치열하게 쌓아 온 노하우를 엿볼 수 있습니다.

런던에 대한 책을 집필하는 것은 결코 만만치 않습니다. 풍족한 자료가 있지만 명확한 사실을 확인하고, 인과관계를 추적하기 어렵기 때문입니다. 그러하기에 이 책에 담긴 저자의 고민과 노력에 공감하고, 나아가 런던이 도시 재생을 중심으로 21세기에 더욱 중요한 의미를 갖는다는 결론에 도달한 것에 박수를 보냅니다. 이 책이 런던의 교훈을 전하는 친절한 안내서로서 널리 읽히기 바랍니다.

김정후 박사

(런던씨티대학, 『런던에서 만난 도시의 미래』 저자)

생애 첫 여행이 런던이었다. 런던 여행 이후에는 유럽 본토의 다양한 대도시를 돌아보았다. '줄을 잘못 섰다'고 해야 할까. 런던을 먼저 들르고 나니 다른 곳은 기대에 미치지 못했다. 그 이유가 뭔지 알 수 없었는데 '미래의 런던 아이코닉 런던'을 읽고서야 알았다. 런던은 비교 불가한 도시다.

'빨간바지' 성종민 대표는 십수 년 전 서울에서 살사 댄서로 유명했던 인물이다. 그가 어느 날 영국으로 날아가 런던 투어 가이드가 됐다. 살사 댄스 공연을 할 때 그는 창의적인 안무를 선보여 관객을 놀라게 하곤 했다. 그런 그가 이 책을 들고 돌아왔다.

이 책에는 십 년 넘게 런던을 소개하면서 일반적인 관광 안내의 틀을 벗어나고자 했던 그의 노력이 담겨 있다. 볼거리, 먹을거리, 쇼핑이 아닌 도시 재생(regeneration), 하이테크(Hightech) 창조성(Creativity)이라는 콘셉트로 이 도시를 소개한다.

왜 조앤 롤링은 호그와트 급행열차의 승강장을 킹스 크로스역 9와 3/4 플랫폼으로 설정했을까? 산업 혁명 시기 석탄 저장소는 영국의 다빈치 토마스 헤더윅을 만나 어떻게 변했나? 테이트 모던 갤러리 다음 여정으로 셰익스피어 글로브를 선택하는 것은 가능한가?

이런 흥미진진한 질문에 대해 이 책은 성실하게 대답하고 있다. 저자는 과거와 현재, 미래가 공존하는 크리에이티브한 도시 런던에 숨은 이야기를 조곤 조곤 풀어 준다.

만약 누구든 런던에 간다면 빨간바지의 가이드를 받으시라. 이전에 볼 수 없고 들을 수 없었던 특별한 런던을 알게 되리라. 직접 런던에 갈 수 없다면 이 책을 읽어 보길 권한다.

배우 겸 작가 명로진

머리말

2020년 초부터 시작된 코로나19 팬데믹은 우리의 일상 모든 것을 바꾸어 놓았습니다. 많은 분들이 직장 생활은 물론 가정, 학교 등 우리가 속한 모든 곳에서 힘들어하고 있으며, 불행한 질병에 걸려 유명을 달리한 분들도 많이 계십니다. 아직도 끝나지 않은 코로나 팬데믹 사태로 인하여 많은 분들이 코로나 블루라는 우울증에 시달리고 계시기도 합니다. 국민 모두 안 힘든 분이 없으시겠지만, 그중에서도 가장 어려운 사람들은 코로나 직격탄을 맞은 자영업자와 소상공인들일 것입니다. 특히 국제적 이동이 거의 불가능해짐에 따라 아예 매출이 제로가 된 여행업 종사자들은 사실 생존을 걱정해야 할 지경입니다. 이제 코로나 백신 접종도 시작되었고 코로나 치료제도 승인되었기에 머지않아 이 코로나 팬데믹 사태는 끝나리라 생각합니다.

저희는 런던을 기반으로 유럽 주요 도시에서 지난 10년 동안 한국인 관광객을 안내하는 '빨간바지'라는 여행사를 운영해 왔습니다. 그동안 저희 '빨간바지'를 이용해 주신 고객분들은 20만 명이 넘습니다. 그런 저희에게 이번 코로나 팬데믹은 정말 치명적이었습니다. 저희뿐만 아니라 모든 여행사의 힘든 상황을 굳이 설명하지 않아도 짐작하시리라 생각합니다. 그렇다고 저희가 낙담만 하고 손 놓고 있을 수는 없었습니다. 앞으로 미래는 코로나 이전과 코로나 이후로 나뉜다고 합니다. 그만큼 이 세상의 모든 기준과 제도 그리고 생활 방식이 코로나 이전에 비해 획기적으로 바뀔 것으로 예상됩니다. 그래서 저희는 미래의 관광업에 대하여 고민하게 되었고, 이제는 여행이 단순히 구경하고 보는 것에서 벗어나, 우리의 삶에 무언가 도움이 되고 인사이트를 주는 여행이 되어야 한다고 생각하게 되었습니다. 그런 저희 생각을 반영하여 이번에 《미래의 런던, 아이코닉 런던》이라는 책을 쓰게 되었습니다.

'미래의 런던, 아이코닉 런던'이라는 주제를 기획하게 된 계기는 우연히 주어졌습니다. 2년 전 JTBC로부터 '아이코닉 런던'이라는 주제로 투어를 의뢰받았을 때 도대체 무엇을 원하는지 사실 난감했습니다. 크리에이티브한 프로그램으로 유명한 방송사답게, "일반적인 관광 말고, 런던만의 특별함을 과거가 아닌 미래에 초점을 맞춘 아이코닉 런던이라는 주제로 투어가 가능할까요?" 예를 들면 토마스 헤더윅 설치 미술 작품 같은…"

아이코닉 런던이라… 마치 송곳 같은 요구 사항에 고민 끝에 런던의 유명 현대 건축물, 우선 21세기 다빈치라고 불리는 토마스 헤더윅의 작품들을 중심으로 프로그램을 구성해 보았습니다. 거기에다 모든 메가시티들이 겪고 있는 도시 재생이라는 주제로 이야기를 풀어 보았습니다.

런던은 유럽의 다른 도시들처럼 과거에 머물러 있지 않고 그 변화는 현재도 진행 중입니다. 그리고 크기도 파리의 8배, 인구도 무려 3배 가까이 됩니다. 그래서 사무엘 잭슨은 "런던에 싫증 난 사람은 인생에 싫증 난 사람이다"라고 할 정도인 곳입니다. 런던은 클래식과 팝이 공존하며, 최근에는 〈보헤미안 랩소디〉 영화로 런던이 또다시 한국에 알려졌고, 뮤지컬, 축구 등으로 끊임없이 매력적인 콘텐츠를 재생산해 내고 있는 곳입니다. 미래만을 주제로 한다면 우리의 서울이 더 미래에 가깝다고 할 수 있지만, 창조성의 관점에서 본다면 런던은 과거, 현재, 미래가 공존하면서 아직도 변하고 있는 크리에이티브의 중심이고 그 변화의 중심에 토마스 헤더윅이 있기 때문입니다. 또한 미래지향적인 세계 곳곳의 건축물들은 우리 한국에도 익숙한 건축 거장들인 렌조 피아노, 리차드 로저스, 노먼 포스터, 자하 하디드, 헤르초크 드 뫼롱 등의 영향을 받은 것들입니다. 이들의 실험실이 바로 런던입니다. 그래서 크게 주제를 창조성으로 잡고, 그 문화적 다양성을 관통하는 가치가 무엇일까 생각하고 새로운 투어 프로그램을 만들었습니다. 결과는 대만족. 일회성 행사로 끝나는 게 못내 아쉽다는 임직원분들의 좋은 피드백으로 이렇게 책을 집필할 용기를 가지게 되었습니다. 현장에서 준비한 모든 것을 다 보여 주지 못한 데에 대한 아쉬움이 커서 책으로 그때 부족했던 부분들을 더 보완했습니다. 그리고 코로나 이후 달라진 사회 분위기 속에서 우리가 배워야 할 것이 무엇일까에 대해서도 고민했습니다.

그래서 독자들이 보다 쉽게 이해하도록 현장감을 위해서 직접 가이드가 투어하는 느낌을 살리고자 문체를 구어체로 쓰게 되었습니다. 독자들에겐 다소 익숙하지 않은 서적의 문체이지만, '빨간바지' 투어의 느낌을 간접적으로 체험한다고 생각하고 봐 주시면 좋겠습니다. 빨간바지투어는 엔터테이너 가이드라는 새로운 투어 메소드로 음악 영상을 함께 적용시켜서 여행자의 감성을 극대화하는 곳으로 유명합니다. '♬'기호와 함께 챕터별로 소개되어 있는 음악을 들으면서, 내용을 따라가면 어느새 우리와 함께 현장에 와 있는 느낌을 줄 것입니다. 또한, 각 설명에 삽입되어 있는 QR 코드를 검색하면 유튜브 동영상도 나오니 활자뿐 아니라 영상으로도 현장감을 느낄 수 있게 꾸며보았습니다.

이 책에서 소개하고자 하는 것은 단순히 세계 관광 1위 도시 런던의 위엄을 자랑하는 랜드마크들인 버킹엄 궁전, 런던 아이, 트라팔가 광장, 대영박물관 등을 소개하는 것이 아닙니다. 21세기 현재 런던을 움직이고 있는 가치인 도시 재생, 하이테크 그리고 창조성을 21세기형 건축물들을 통해서 들여다보고, 그 속에 숨겨져 있는 이들의 미래에 대해 준비하는 마음자세와 철학을 살펴보고자 하는 것입니다.

역사가 오래된 전통 있는 수도들은 21세기에 들어서면서 고민이 바로 도시 재생 (Regeneration) 문제입니다. 특히 런던은 18세기부터 20세기 초까지 '세계의 공장'이라 불릴 정도로 산업 혁명의 메카였습니다. 24시간 쉬지 않고 돌아갔던 공장의 기계음이 사라진 지금 오늘 볼 런던의 미래는 그 과거의 소산물들을 어떻게 변형시켜 미래로 가야 하는지 우리에게 좋은 방향을 제시해 줍니다.

도시의 아이콘 역할을 해내는 영국의 아이코닉 건축물들은 글로벌화 되어 가는 세계 속에서 영역을 넓히는 전초기지 역할을 수행하고 있습니다. 세계 속에 영국의 새로운 이미지를 알리는 첨병 역할을 수행하고 있는 것이지요. 건축물은 그 지역이 전하고자 하는 메시지를 전달합니다. 특히 런던은 런던의 미래 비전에 대한 메시지를 아이코닉 건축을 통해 전달하고 있습니다. 새로운 건축을 통해 아직 현실에는 없지만 이상적인 미래의 이미지를 전달함으로써 인구와 투자를 유인하는 효과적인 수단으로 작용하고 있는 것이지요.

영국은 이미 1970년대부터 지역 재생, 지역 재개발의 일환으로 건축과 도시 디자인의 중요성을 인식하고 있었습니다. 산업 혁명의 본고장 영국은 사회 경제적 커다란 변화를 세계에서 가장 먼저 겪은 만큼 산업의 쇠퇴도 가장 먼저 맞았습니다. 탈산업화에 따른 경기 침체와 높은 실업률, 도시 슬럼화와 범죄, 도심 공동화 문제에 당면한 영국 정부는 도시 재생을 해결책으로 도출해냈습니다. 1960년대까지 큰 효과를 보지 못했던 신도시 건설에서 방향을 전환해 도심 재생 사업에 집중하여 성과를 보기 시작한 것입니다.

과거의 영국은 2차 산업이 경제를 이끌었지만 현재의 영국은 3차 산업인 금융업이 경제를 이끌고 있습니다. 그러나 이제 영국의 21세기 미래 성장 동력은 'Creative industry' 즉 창조 산업입니다. 그리고 영국은 건축계의 새 바람을 일으켰던 트렌드인 하이테크 건축의 메카라고 볼 수 있습니다. 그래서 이 세 단어 도시 재생(regeneration), 하이테크(Hightech) 그리고 창조성(Creativity)이라는 주제로 세계 건축 트렌드를 이끌어가는 유명 건축가의 작품들을 보는 시간을 가져보고자 합니다. 영국의 뛰어난 현대 건축가 리차드 로저스, 노먼 포스터, 렌조 피아노, 헤르초크 드 뫼롱, 토마스 헤더윅 등의 작품들을 감상하면서 그들의 철학을 알아보게 될 것입니다. 그리고 런던의 구시가지의 새로운 모습은 물론 영국 금융 산업의 또 다른 중심지 카나리 워프 지역 및 다른 새로운 런던 지역도 둘러보며 영국 경제의 심장 런던이 왜 21세기형 도시의 모델이 되었는

가에 대하여 자세히 살펴보고자 합니다.

끝으로 이 책을 쓰는 데 아이디어를 제공해 주신 JTBC에 다시 한번 감사의 말씀을 드리며, 여러 가지 아이디어를 제공해 주고 교정에 참여해 준 '빨간바지' 직원 여러분들에게도 감사의 말씀을 드립니다. 이제 코로나 바이러스가 물러가고 우리 옛 동료들이 다시 모여 고객들에게 재미와 감동을 주는 빨간바지 투어가 재개되기를 소망해 봅니다.

2021년 12월

성종민, 김규봉

투어 소개

안녕하세요. 여러분. 이 런던을 여러분들의 가슴속 영원한 추억으로 만들어 드릴 저는 산타클로스처럼 여러분의 마음속에 선물을 드리는 런던 전문가 '빨간바지'라고 합니다.

런던은 잘 아시다시피 웨스트엔드의 뮤지컬로 대표되는 문화와 예술의 도시입니다. 대부분의 미술관과 박물관이 무료이고, 수많은 역사와 문화 유적이 있으면서 자연경관도 빼어난 곳입니다. 그러나 저희는 지금부터 여러분들에게 색다른 방식으로 런던을 소개해 드릴 겁니다. 런던은 유럽의 다른 도시들처럼 과거에 머물러 있지 않고 그 변화는 현재도 진행 중입니다. 그래서 영국의 유명한 작가인 사무엘 잭슨은 "런던에 싫증 난 사람은 인생에 싫증 난 사람이다"라고 할 정도인 곳입니다. 런던은 클래식과 팝이 공존하며, 최근에는 〈보헤미안 랩소디〉 영화로 런던이 또다시 한국에 알려졌고, 뮤지컬, 축구 등으로 끊임없이 매력적인 콘텐츠를 재생산해 내고 있는 곳입니다. 그중에서도 21세기 천재 디자이너 토마스 헤더윅으로 대표되는 창조성(Creativity)이 살아 숨 쉬는 곳입니다.

그리고 과거의 영국은 2차 산업이 경제를 이끌었지만 현재의 영국은 3차 산업인 금융업이 경제를 이끌고 있습니다. 그러나 이제 영국의 21세기 미래 성장동력은 'Creative industry' 즉 창조 산업입니다. 그리고 영국은 건축계의 새 바람을 일으켰던 트렌드인 하이테크 건축의 메카라고 볼 수 있습니다. 그래서 이 세 단어 도시 재생(regeneration), 하이테크(Hightech) 그리고 창조성(Creativity)이라는 주제로 왜 우리가 런던을 보고 배워야 하는지 알려드리는 투어를 소개해 드리고자 합니다.

네, 색다른 주제를 가지고 떠나는 여행 기대됩니다. 그러고 보니 산타 할아버지가 빨간바지를 입으셨군요. 빨간색 소화하기 쉽지 않은데, 잘 어울리시네요. 혹시 다른 의미도 있나요?

네, 제가 영국 여왕을 두 번이나 뵈었던 가이드 중에 한 명입니다. 우리 한국 대통령 방영 시에 영광스럽게도 가이드로 일하게 된 적이 있는데, 그때 엘리자베스 2세 여왕님을 먼발치였지만 직접 뵌 적이 있습니다. 그때부터 로열 가이드 '로가'라고 하고 다닌 적도 있네요. 그래서 고귀함을 상징하는 색깔인 빨간색을 바지로 만들어서 입고 다니고 있습니다.

빨간바지에 그런 의미가 있었군요. 아무래도 중세 시대부터 빨간색은 고귀한 색깔로 취급되고, 오페라 극장의 의자나 귀인이 오실 때 까는 카펫도 빨간색이고, 우리 조선의 임금님들이 입으셨던 용포 색깔도 빨간색이었던 걸 보면 말이 되네요.

영국에 오시면 꼭 찍어야 하는 네 가지 빨간색이 바로 '빨간 이층버스', '빨간 전화 부스', '빨간 우체통' 그리고 저희 '빨간바지' 이렇게 되지요.

제가 처음에 들려 드렸던 곡은 〈러브 액추얼리〉의 OST에서 제일 유명한 곡인 All you need is love 입니다. 무한도전이 불러서 더 유명한 곡인데, 영화 속에서 영국의 대표 미녀 키이라 나이틀리가 순백색의 드레스를 입고, 웨딩 마치를 하는 그 순간에 둘 사이에는 오직 사랑만이 필요하다는 의미에서 깜짝 축가로 나왔던 그 노래죠. 그녀가 우리나라에서 더 유명해진 계기는 모 방송국의 예능 프로의 제목이 되기도 했던, 음악 영화 〈비긴 어게인〉이란 영화이지요. 이 영화에서 마크 러팔로와 함께 이어폰에서 나오는 음악에 몸을 맡기면서 뉴욕의 밤거리를 누비며 우리에게 로맨틱한 분위기를 보여 주던 그 장면에서 마크 러팔로가 이렇게 말하죠.

"평범한 일상을 특별하게 만들어 주는 것은 음악이다."

전 그 대사를 보고 머리를 한 대 맞은 듯했었어요. "무채색 같은 기억에 색을 칠하는 것은 아마도 음악일 것이다." 그래서 그때부터 저의 투어는 교수님이나 선생님 같은 팩트를 늘어놓는 가이드가 되기보다는 '마음이 기억하는 투어를 하자'라는 마음으로 이렇게 음악을 함께 사용합니다. 넓은 의미에서 보면 가이드도 예술 행위랑 다르지 않다고 보거든요. 갤러리 투어를 할 땐 내가 큐레이터가 되어서 나만의 갤러리를 만들어서 안내를 해 드리고, 관광지에서 스토리텔링을 할 땐 이 극의 주인공이 된다는 생각으로 공연 예술을 만들어 갑니다. 그래서 이 책에서 소개하는 곡들을 함께 들으면서 저를 따라오신다면 아마 훨씬 더 깊은 감동이 여러분의 가슴속으로 들어 올 것입니다. 사실 이 곡은 원래 브릿팝의 레전드인 비틀즈의 곡입니다. "클래식은 영원하다"라는 말이 있죠. 그럼 영국의 클래식을 만들었던 산업 혁명 시대로 가 보겠습니다. 그 첫 번째 키워드는 바로 운하입니다.

Part 1.

패딩턴

Paddington

Place 1 *Little Venice*

Place 2 *Paddington Basin*

Place 3 *Rolling Bridge*

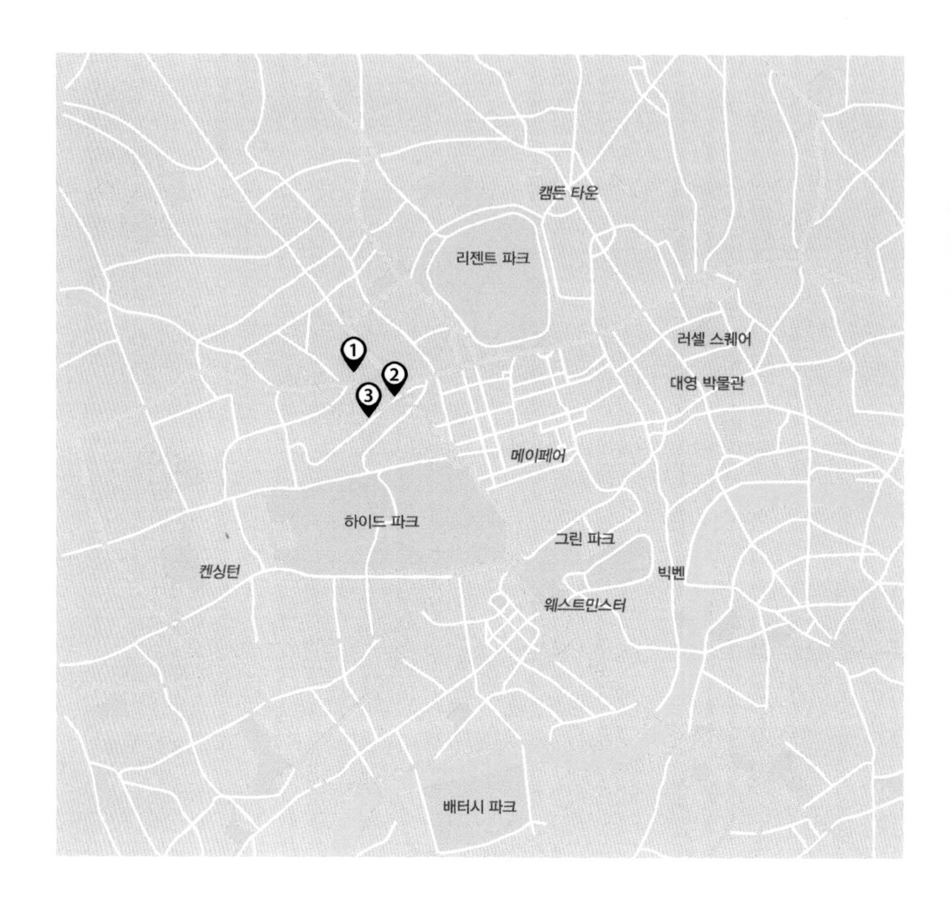

Place 1. 런던에서 베니스의 낭만을 즐기다 Little Venice

Place 2. 산업 혁명을 이끈 패딩턴 운하의 이유 있는 변신 Paddington Basin

Place 3. 기상천외한 방식으로 접히는 다리 Rolling Bridge

Place 01.

런던에서 베니스의 낭만을 즐기다

Little Venice

♬ Audrey Hepburn
- Moon River

리틀 베니스

런던의 웨스트민스터 자치구에 위치한 패딩턴 지역은 수도의 역사와 발전에 중요한 역할을 해 온 지역입니다. 1842년 철도가 이 지역에 개통된 후 빅토리아 여왕의 첫 번째 철도 여행을 시작한 것을 포함하여 영국의 여러 역사적 사건의 현장이 되었던 곳입니다. 최근에는 조지 왕자가 탄생한 장소인 세인트 메리병원이 있는 곳으로도 유명합니다. 도시의 상징적인 부분을 여행하지 않고서는 런던 여행을 제대로 했다고 할 수 없습니다. 패딩턴은 이제 우아한 타운 하우스, 고풍스러운 거리 카페, 전통 펍 등으로 가득 차 있습니다. 따라서 이곳을 방문하면 항상 할 일과 볼거리가 많이 있습니다. 또한 하이드 파크와 리젠트 파크와도 상당히 가까워 오후 산책 전후에 방문하기에 완벽한 장소입니다.

패딩턴이라는 이름이 처음으로 역사에 등장한 것은 10세기경이며, 역사가들은 이곳이 색슨족의 정착지라고 믿었고, 당시 패딩턴 지역은 지금보다 훨씬 넓었다고 합니다. 1800년대에 들어와 패딩턴은 수많은 웅장한 광장과 호화로운 주택을 자랑했으며 우아하고 번창하는 런던의 심장부처럼 간주되었던 곳입니다. 그런데 제가 이곳을 소개하는 이유는 이곳 패딩턴 지역이 바로 런던 도시 재생의 심장부이기 때문입니다.

앞에 펼쳐진 이 수변공원 같은 풍경 정말 로맨틱하지 않나요? 이곳에선 노래가 절로 흥얼거려지더라구요. 앞에 보이는 저 보트들이 바로 런던의 주거방식 중 하나입니다. 잠도 자고 식사도 다 배 위에서 해결하며, 심지어 이 배로 출퇴근하기도 합니다.

배 위에서 생활한다니 정말 로맨틱하네요.

사실 런던은 세계 Top 5 안에 들어가는 워낙 비싼 임대료 탓에 이렇게 배 위에서 생활하는 사람도 생겨난 것이기에 그리 로맨틱한 시작은 아니었습니다. 그러나 요즘은 짧은 여행을 오시는 분들에게는 에어비앤비를 통해서 이런 보트에서 2~3일 지내보시는 것도 추천해 드립니다. 사실 이런 주거가 가능하게 된 것은 바로 운하라는 것이 산업 혁명 시대에 본격적으로 도심에 등장하고부터입니다.

산업 혁명이 본격적으로 시작되는 1759년 물류 수송을 담당하기 위해 제임스 브리들리에 의해서 운하법(Canal Act)이 발효됩니다. 그 이후 18세기 런던의 운송은 템스강이 바다와 연결되어 있던 덕분에 외국에서 큰 배가 타워 브리지 런던 항구로 들어오면, 작은 바지선들이 이렇게 도심을 가로지르는 운하에서 물류를 책임졌었죠. 물론 지금은 자동차가 그 역할을 대신하고 있지만요.

런던에 운하가 있어요? 몰랐던 사실이네요.

18세기는 영국에서 산업 혁명이 일어났던 시기였지요. 이 시기에 공장에 필요한 원자재와 완제품을 저렴하게 운반할 신속한 운송 수단이 필요해졌고, 그 필요에 의해서 운하가 건설되었습니다. 그전에는 짐을 나르거나 마차를 끌기 위해 말을 사용했는데, 겨울이 되면 길에 바퀴 자국이 많이 나고 진흙에 깊이 빠지기 때문에 통행이 불가능했습니다. 그런데 새로운 운송 수단인 운하에 배를 띄워 30t이나 되는 짐을 부드럽고 신속하게 운반할 수 있게 되었습니다. 1790년경에는 보다 야심 찬 계획이 추진되었는데요, 영국의 네 개의 주요 강을 서로 잇고 잉글랜드의 산업중심지를 항구들과 연결하는 그랜드 크로스 운하망이 완성되어 본격적인 영국의 운하 시대의 막이 올랐습니다. 이 운하들의 길이를 모두 합치면 6,000km에 달했다고 합니다.

그런데 지금은 운하가 산업용으로 쓰이고 있지는 않잖아요?

네, 맞습니다. 운하망이 거의 완성되어 가던 1825년에 조지 스티븐슨에 의해 스톡턴과 달링턴 사이를 오가는 증기 기관차가 개통되었습니다. 그 이후 20년도 안 되어 운하가 하던 역할은 철도가 대신하게 되면서 운하를 사용하지 않게 되었고, 관리도 소홀해지게 되었습니다. 그 이후 자동차의 발달로 더 나은 도로가 건설되면서 운하는 거의 역사의 뒤안길로 사라지게 된 겁니다. 그리고 50년 전부터 운하를 복구하면서 운하를 따라 공원을 만들었기에, 산책이나 자전거 타기, 낚시하기 등의 여가생활에 주로 쓰이게 됩니다. 또한 운하의 수위를 일정하게 유지하기 위해 만든 저수지들은 중요한 야생동물의 서식지가 되어 다양한 동식물들을 볼 수 있게 된 겁니다. 현대사회가 형성되는 데 지대한 공헌을 한 운하들이 오늘날에는 오히려 현대사회에서 받는 스트레스를 해소하는 곳이 된 겁니다.

그냥 보기 좋으라고 만든 곳이 아니네요. 이렇게 이야기를 알고 보니 더 새롭게 보이네요. 산업 혁명의 산물이 이런 로맨틱한 공간을 제공해 주고 있다는 사실이 멋지네요.

지금 앞에 있는 운하의 이름은 리젠트 운하인데 리젠트 운하는 리젠트 파크를 끼고 런던 북부의 베이스워터에서 세인트 존스우드 사이를 흐르고 있는 기다란 물길입니다. 현대에 들어서는 수송의 목적은 사라지고 정비와 재생을 통해 도심 속 오아시스와 같은 관광지 및 주택가로 변모하게 되었습니다. 이 운하를 따라

걷다 보면 리젠트 파크, 런던 동물원, 캠든 마켓과 같은 런던의 대표적인 볼거리를 즐길 수 있구요. 이곳에선 로맨틱한 곤돌라 체험도 하실 수 있습니다. 곤돌리에가 노 젓고 노래 부르는 8인승 '뮤직보트'도 있구요. 물론 산타루치아는 아니고, 영국 록 음악의 성지 캠든과 연결된 탓에 로커들의 어쿠스틱 연주를 들으면서 퀸의 '러브 오브 마이라이프'를 듣게 됩니다. 그러면 썸타는 사람과 같이 있다면 그날 바로 사랑이 이뤄질 것 같은 그런 느낌이 들 거예요. 앞에 보이듯이 와인을 마시며 직접 페달을 밟으면서 이동 중인 분들 보이죠? 어떨 땐 목욕물을 받아서 스파를 하며 지나다니는 분들도 있어요. 런던이니까 가능한 거죠.

리틀 베니스의 보트 투어

로버트 브라우닝
(Robert Browning 1812~1889, 빅토리아 시대의 영국 시인)

마치 물 위에 도시가 있는 이탈리아 베니스가 떠오르네요.

이 물길을 따라 남쪽으로 조금만 내려가면 런던 5대 역 중에 하나인 패딩턴역

이 연결되어 있습니다. 영국의 서쪽과 연결되어 있어 관광지로 자유 여행을 다니실 때도 아주 유용한 역이지요. 영국의 남부 도시 바스(Bath)나 웨일즈 지방으로 갈 때, 그리고 히드로 공항으로 15분 만에 갈 수 있는 고속철인 히드로 익스프레스가 다니는 곳입니다. 이 주변 구역을 바로 '리틀 베니스'라고 부릅니다. 왜 베니스라고 부르냐는 두 가지 설이 있는데, 첫 번째 설은 "이런 분위기가 베니스를 닮았다고 해서"라는 설도 있구요. 두 번째 설은 영국의 번영기인 빅토리안 시대의 천재 시인 로버트 브라우닝의 고향이 베니스였고, 그가 자기 아내를 잃고 이곳에 정착하여 살면서 자기 시에서 이곳을 리틀 베니스라고 붙인 것에서 시작되었다는 설도 있습니다.

듣고 보니 살짝 슬프기도 하네요. 그런데 패딩턴… 어디서 들어본 것 같기도 하네요.

네, 맞아요. 영국의 아동 작가 마이클 본드의 작품인 《패딩턴》의 동네죠. 2014년에 어린이 영화로 나와서 영화도 흥행하고 패딩턴 베어도 다시 한번 많이 팔리기도 했죠. 2017년에 속편인 《패딩턴 2》가 나오기도 했습니다. 영국은 참 대단한 게 이런 이야기들로 굿즈도 정말 많이 팔고 있습니다. 이곳의 패딩턴 베어 그리고 리젠트 운하 중간에 런던 동물원에선 곰돌이 푸가 나왔고, 그 끝쪽에 있는 캠든 아래쪽 킹스 크로스에선 해리 포터까지 있으니까요.

전 그냥 영국 런던이 셜록이나 해리 포터 마니아들이나 가는 곳이고, 유럽의 인기 있는 관광지라고 특별히 인식을 못 했었는데 정말 우리가 아는 이야기들이 많네요.

패딩턴역 내 기념품 가게에서 인사를 하고 있는 패딩턴 베어

그럼요. 영국은 근대 문명의 발상지라고 해도 과언이 아닌 곳이라 고대 로마 제국의 문화유산이 그대로 남아있는 로마나 중세와 절대왕정 그리고 로맨틱한 파리와는 다른 맛이 있고, 아직도 문화 콘텐츠가 현재 진행형인 곳입니다. 전 세계의 25% 문화를 영국이 수출한다고 합니다. 그래서 오늘 정말 많은 이야기가 준비되어 있지요. 이런 문화들은 영국이 좋아하는 계급이론에 따르면 바로 창조계급이 이끌어 간다고 합니다. 그 창조계급의 최상위에 있는 사람들은 바로 예술가들인데, 이 사람은 21세기의 다빈치라고 불리는 천재 디자이너이자 건축가이자 공예가이자 설치미술가입니다. 바로 토마스 헤더윅(Thomas Heatherwick)인데요, 그의 멋진 작품인 롤링 브리지를 보러 이 패딩턴역 옆으로 배 타고 내려가시죠. 오늘 투어의 첫 키워드는 바로 '창조성(Creativity)' 입니다.

관광

리젠트 운하

이곳에서 매년 5~6월에 국가적인 보트 축제 행사 카날 축제(Canalway Cavalcade)가 열리는데, 1983년부터 30여 년 동안 많은 런던 시민들과 관광객들의 사랑을 한 몸에 받은 축제다. 형형색색으로 꾸민 130여 척의 보트가 리틀 베니스에 모이며, 다채로운 공연과 음식을 즐길 수 있다.

리젠트 운하 수상 버스

4~9월 : 매일, 10:00~17:00

10월 : 목~일, 11:00~17:00

11월~3월 : 토~일, 11:00~17:00

리젠트 운하 수상 버스 요금

리틀 베니스에서 런던락까지 편도 8.2파운드, 왕복 11.5파운드

수상 버스 소요 시간

리틀 베니스에서 런던 동물원까지 약 30분 소요

종점 캠든락까지 약 45분 소요

리젠트 수상 버스 타는 곳

58 Camden Lock Pl, London NW1 8AF

(U waraick Avenue 역에서 선착장까지 도보 3분)

런던 리젠트 수상 버스 홈페이지

https://www.londonwaterbus.com/

Place 02.

산업 혁명을 이끈 패딩턴 운하의 이유 있는 변신

Paddington Basin

♬ Keira Knightley
- A Step You Can't Take Back (Begin Again OST)

패딩턴 베이슨

마치 영화 속 주인공이 된 기분이에요. 과거에서 현대로 넘어가는 느낌도 나구요.

맞습니다. 바로 영화의 배경이 되었으니까 더 그런 느낌이 날 거예요. 《패딩턴》의 배경이 되었던 패딩턴역 근처에 패딩턴 베이슨(Paddington Basin)을 거닐고 있습니다. 물론 이곳은 리틀 베니스에 이어진 곳이기도 하고요. 저는 이곳이 어떻게 해서 런던의 가장 힙하고 핫한 곳이 되었는지를 소개해 드리고자 합니다.

아, 패딩턴 베이슨이라는 곳이 지금 런던에서 가장 힙하고 핫한 곳이에요? 처음 들어보는 얘기네요. 자세한 설명을 부탁드리겠습니다.

좀 전에 설명해 드린 대로 18세기에 일어난 산업 혁명의 동맥 역할을 했던 것이 바로 운하인데요, 19세기에 들어서면서 특히 리틀 베니스 주위엔 많은 창고와 화물 하치장이 생기게 되었습니다. 운하를 통해 수송된 대형 화물을 내리고 화물선이 정박하기 위해서는 수심이 깊은 웅덩이 같은 공간(Basin)이 필요했는데, 이런 필요를 충족시키기 위해 1801년 만들어진 패딩턴 베이슨에 물류 하치장이 생겨나게 되었습니다. 그러나 앞서 설명해 드렸다시피 19세기 중반 이후 증기 기관차가 발명되고 철도가 물류의 핵심으로 자리 잡게 되면서 운하는 점차 쇠락하게 됩니다. 그리고 이곳은 다시 수많은 재개발 프로젝트를 통해서 런던의 가장 힙하고 핫한 플레이스로 탈바꿈하게 된 것입니다.

아, 그렇군요. 그럼 그 재개발 프로젝트라는 것을 좀 자세히 설명해 주시겠어요?

운하의 기능을 상실한 19세기 후반에 들어와 이곳은 방치된 지역이 되었습니다. 그러다가 20세 후반에는 중소규모의 사무실들이 자리 잡게 되고 세인트 메리병원이 들어서면서 다시 활성화되기 시작합니다, 21세기에 들어서는 2000년에 '패딩턴 워터사이드(Paddington Waterside)' 계획을 수립하면서 패딩턴 운하의 물을 빼고 대대적인 청소와 수리를 하게 됩니다. 그 이후 패딩턴 베이슨에 대한 이미지는 확실히 개선되었고, 대규모 재개발 프로젝트를 진행하게 됩니다. 그리고 2004년 이 지역에 영국 최대 유통 브랜드 중 하나인 막스앤스펜서(Marks & Spencer) 본사가 들어오면서 각종 기업 사무실이 유치되기 시작했습니다.

병원이 굉장히 낡아 보이는데, 이 병원이 개발과 관계가 있을까요?

네, 많이 낡았죠. 1845년에 개원했으니까요. 그러나 이곳은 런던 대학교에서 독립한 런던 최고 공과대학 임페리얼 컬리지의 의과대학 병원이었습니다. 참, 그리고 그룹 퀸의 멤버들이 임페리얼 대학 출신이네요. 이공계 대학 중에선 영국에서 최고로 꼽히는 대학이지요. 옥스퍼드와 케임브리지도 의대가 있지만, 영국 왕실은 이 병원을 다닙니다. 이곳 분만실에서 태어난 사람들을 소개해 드리자면 윌리엄 왕자, 해리 왕자 그리고 그들의 자녀들 전부가 이곳에서 태어났지요. 상류층 전용 병원이라고 생각하실 수 있지만, 병원비가 전액 무료인 공립병원입니다.

병원비가 무료라는 게 인상 깊네요. 그럼 주요 재개발 활동은 어떤 것들이 있나요?

주요 건물로는 패딩턴 워크(Paddington Walk), 포인트(The Point) 건물이 있습니다. 패딩턴 워크는 2005년에 완공된 아파트로 4개 동 232개의 플랏으로 이루어졌는데, 눈에 띄는 지붕 구조로 아파트치고는 매우 독특한 디자인이 인상적입니다. 반원형과 대비되는 삼각형 모양의 유리, 테라코타와 목재로 놀라운 재료 믹스를 이루어 낸 유명한 건물입니다. 특히 측면의 목재와 테라코타로 이루어진 벽면은 건축학적인 측면뿐 아니라 색상적인 관점에서도 놀랍기 그지없습니다.

포인트(The Point)는 10층 높이의 오피스 건물로 위에서 바라보면 선박의 뱃머리나 다리미가 연상되는 독특한 건물입니다.

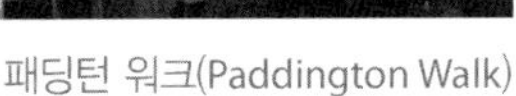

패딩턴 워크(Paddington Walk)

포인트(The Point)

마지막으로 이곳 패딩턴 베이슨의 중심부에 위치한 건물이 바로 머천트 스퀘어에 있는 6개의 건물입니다. 이곳 머천트 스퀘어는 런던의 쇼핑, 음식 및 엔터테인먼트 변화의 중심지입니다. 특히 패딩턴역에서 가까이 있어서 접근성도 뛰어나 가족끼리 즐거운 하루를 보낼 수 있는 공간입니다. 이곳에 가면 모든 상점과 부티크부터 고급 레스토랑과 서점까지 모든 것이 다 있습니다. 특히 이 광장은 런던에서 가장 아름다운 수로와 나란히 위치하여 친구들과 사랑하는 사람들과 시간을 보낼 수 있는 아름다운 풍광을 보여줍니다.

역사가 오래된 운하인데 최근의 빌딩들 말고 다른 관광 명소는 없나요?

물론 많이 있지요. 그럼 이번에는 이 지역의 관광 명소를 소개해 드리도록 할게요. 패딩턴 베이슨은 리틀 베니스의 남쪽에 위치하며 패딩턴역에서 도보 7분 이내로 접근할 수 있습니다. 두 대의 보트가 정박되어 있는데, 한 대는 안내 센터(Information Centre), 다른 한 대는 카페 역할을 합니다. 유럽 최대의 전기 보트 렌털 업체 고보트(GoBoat)와 파트너십을 체결해 편리하게 보트를 이용할 수 있습니다. 방문객들은 8인승 전기 보트를 빌려 패딩턴 베이슨을 출발해 리틀 베니스를 지나는 운하를 따라 직접 보트를 운행해 볼 수 있습니다. 어때요, 한번 보트를 빌려서 직접 운전해 보시겠어요?

아, 제가요? 이번엔 시간 관계상 어려울 거 같고 다음에 기회가 되면 운전해 보고 싶네요.

전기 보트 말고도 패딩턴 기차역과 패딩턴 베이슨을 오가는 수상 택시(Water Taxi)도 운행합니다. 이건 한번 타 보셔도 좋을 듯해요.

패딩턴 베이슨은 지역 전체가 리모델링되어 이제는 현대적인 사무실, 주거 공간이 들어섰으며 저녁에 운영하는 소위 '힙한' 레스토랑과 바도 많습니다. 젊고 트렌디한 런더너들이 퇴근 후 강가에서 맥주 한잔하면서 보트 체험도 하고, 스트레스를 푸는 지역으로 인기가 높지요. 아무튼 다음에 좀 더 시간 여유가 있을 때 하루 정도 시간을 내어서 이곳에서 쇼핑도 하고, 맛있는 음식도 먹고, 모터보트도 타면서 즐겨보는 시간 가져보시면 좋을 듯합니다.

정보

머천트 스퀘어(Merchant Square)

원래 이곳에서 시행하려고 했던 헬스 캠퍼스 계획을 포기하고 2007년 주상 복합 공간을 주제로 한 머천트 스퀘어 계획을 수립하여 170,000 m2의 부지 위에 만든 도시 재생 프로젝트다. 머천트 스퀘어는 6개의 빌딩에 554개의 주거용 아파트와 전제 면적의 58%를 상업시설로 구상했다. 2014년 4 Merchant Square 완공을 시작으로 여섯 개의 빌딩이 다 지어졌다.

1 Merchant Square는 42층 건물에 222개의 플랏이 있는 아파트와 90실 규모의 호텔이 있는 첨단 건물이고, 웨스트민스터 자치구에서 가장 높은 빌딩이다.

2 Merchant Square는 17층 오피스 빌딩이다.

3 Merchant Square는 21층 건물로 158개의 상가와 43개의 플랏 아파트가 있는 주상복합 건물이다.

4 Merchant Square는 196개의 플랏이 있는 16층의 아파트이다.

5 Merchant Square는 14층의 오피스 빌딩이다. 이곳의 일부는 막스앤스펜서의 사무실로 사용되고 있다.

6 Merchant Square는 119개 플랏의 아파트와 병원과 상가가 있는 15층의 주상복합 건물이다.

머천트 스퀘어는 이 여섯 개의 빌딩에 둘러싸인 중앙 광장으로 광장 중앙에는 머천트 스퀘어 재생 사업에 결정적인 역할을 한 사이먼 밀튼(Sir Simon Milton) 경의 기념 동상이 있다.

Place 03.

기상천외한 방식으로 접히는 다리

Rolling Bridge

♬ Adele
- Rolling in the deep

롤링 브리지 펼쳐지는 모습

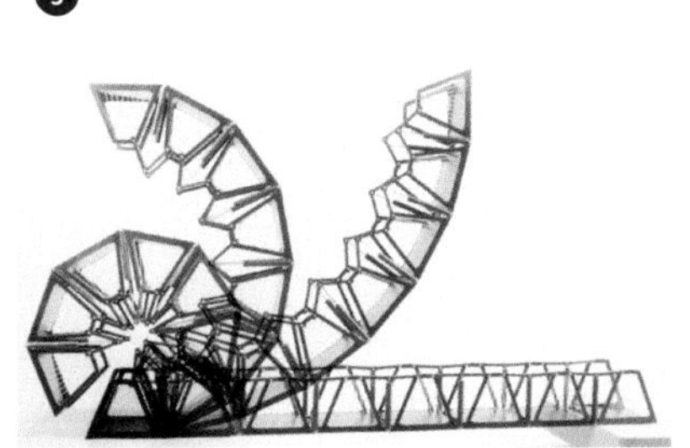

롤링 브리지

그런데 이 패딩턴 베이슨에서 가장 명물이 무엇인지 아세요?

글쎄요… 최신식 건물들이 많아서 어떤 것이 유명한 명물인지 모르겠네요.

1. https://commons.wikimedia.org/wiki/File:London,_Rolling_Bridge3.jpg
2. HYPERLINK "https//commons.wikimedia.org/wiki/FileLondon,_Rolling_Bridge.jpg"https://commons.wikimedia.org/wiki/File:London,_Rolling_Bridge.jpg
3. https://www.flickr.com/photos/aubmodelmaking/49249956243/

이곳의 명물은 건물이 아니라 다리입니다!

네? 다리라구요? 근데 어디에 다리가 있나요? 다리는 전혀 안 보이는데….

바로 저 동그란 수레바퀴가 다리입니다.

무슨 그런 농담을… 저건 수레바퀴 아니면 물레방아같이 생겼는데요?

저 다리가 바로 영국의 다빈치라 불리는 토마스 헤더윅이 만든 롤링 브리지(Rolling Bridge)라는 다리입니다. 토마스 헤더윅은 패딩턴 베이슨 재개발 프로젝트에 참여한 건축가 중 가장 유명한 건축가라고 할 수 있는데, 그는 가구에서부터 도시 설계에 이르기까지 독창적인 기법으로 혁신을 주도하고 있는 혁신의 아이콘입니다.

토마스 헤더윅이라고요? 저는 처음 들어보는 사람인데, 조금 더 자세한 설명을 부탁드립니다.

2002년 헤더윅은 운하를 가로지르는 12m 길이의 보행자용 다리 건설을 의뢰받게 됩니다. 운하에 배가 지나갈 때마다 다리가 열려야 했기 때문에 타워 브리지와 같은 도개교 형태를 생각했으나, 열렸을 때 가운데가 잘린 형태가 미학적이지 않다고 생각한 헤더윅은 아예 다리를 말아버리는 형태를 고안했던 겁니다. 펴져 있을 때는 평범한 철조 다리 같아 보이지만 골조에 8개의 유압 실린더를 올라가는 수레바퀴처럼 디자인했습니다. 이 롤링 브리지는 2005년 영국 철조 디자인 부문 대상을 수상하였으며, 매주 금요일 정오에서 오후 1시까지 다리가 말려있는 모습을 볼 수 있습니다. 헤더윅의 인터뷰에서 그는 처음 이 다리를 디자인할 때 축구 경기를 보던 기억을 떠올렸다고 합니다. 거친 경기 중 한 선수의 정강이가 부러져 휘어진 모습을 보았는데, 안타까웠지만 그 와중에 다리가 부러진 곡선이 아름답다고 생각했다고 합니다.

네? 정말요? 이 사람 좀 소름이네요. 천재들은 괴짜라더니 정말 그 말이 맞는 모양입니다.

네, 그래서 그를 21세기의 다빈치라고도 부르죠. 이 곡선에서 착안해 교각을 곡선으로 휘게 한다는 아이디어를 고안했고, 완전히 말린 교각의 끝과 끝이 키스하는 모습이 낭만적이라는 생각도 했다고 하네요. 헤더윅이 밝힌 또 하나의 일화로, 롤링 브리지를 처음 시연했을 때 다리가 접히는 속도가 너무 빨라 사람들이 무서워해서 그 속도를 반으로 줄인 것이 현재의 속도라고 합니다.

정말 상상도 못했던 방식으로 다리를 만들었군요. 토마스 헤더윅이라는 사람에 대하여 좀 더 알려주세요.

토마스 헤더윅은 1970년 영국 런던 출생으로 맨체스터 폴리테크닉 대학에서 3D 디자인 학사, 영국 왕립예술대학 대학원 가구 디자인 석사 과정을 마쳤습니다. 1994년 본인의 디자인 스튜디오 '헤더윅 스튜디오(Heatherwick Studio)'를 설립해 가구에서 엑스포 스타디움까지 다양한 분야에 걸쳐 독특하고 창의적인 디자인 감각을 인정받아 독보적인 거장의 위치에 오른 건축가이자 산업디자이너라고 할 수 있습니다. 영국 디자인의 대부 테렌스 콘라 경은 헤더윅을 가르켜 "우리 시대 살아있는 다빈치"라고 부르기도 했습니다. 40살도 되지 않은 젊은 나이에 2004년 왕립 산업 디자이너를 지냈으며 2013년 대영 제국 훈장을 수여 받는 등 화려한 경력을 가졌습니다.

아, 정말 천재였군요.

그의 디자인 철학은 2011년 TED 토크쇼에서 직접 연설한 내용에 잘 담겨 있는데, 어린 시절 런던에서 어머니가 운영하셨던 구슬 가게에서 작은 크기의 공예품을 다루며 '따듯하고 영혼이 있는 작은 작품들'을 사랑하게 되었다고 합니다.

그런데 그가 성장해 보니 우리 시대의 큰 도시 건축물들은 차갑고 영혼 없이 만들어졌다고 느껴져서 슬픈 마음이 들었다고 합니다. 그래서 작은 귀걸이, 도자기, 악기와 같은 물건들의 따스한 감성을 큰 건축물에도 불어넣어 사람을 끌어들이는 공간을 만들겠다는 생각을 했다고 합니다. 이것이 1994년 설립된 헤더윅 스튜디오의 디자인 철학이자 모티브이고, 그의 작품들에 특별함을 불어넣은 원천이 되었다고 합니다.

롤링 브리지의 원리는 어떻게 되나요?

롤링 브리지는 보도 레벨에 힌지가 달린 8개의 삼각형 섹션으로 구성되며 섹션 사이에 수직으로 장착된 유압 실린더에 의해 데크 쪽으로 접힐 수 있도록 연결되어 있습니다. 유압 실린더가 팽창하여 펼쳐지면 기존의 다리와 거의 같은 모습의 다리가 됩니다. 펼쳤을 때 길이는 12m이고 보트를 통과시키기 위해 유압 피스톤이 작동되고 브리지의 양끝이 결합될 때까지 브리지가 말려서 팔각형 모양이 됩니다.

원리를 알고 보면 그리 어려운 내용은 아니었네요~

아직 놀라기는 이릅니다. 토마스 헤더윅의 천재적인 작품들을 앞으로도 더 많이 보실 수 있을 겁니다.

인물

리젠토마스 헤더윅(Thomas Headerwick, 1970~)

4. HYPERLINK "https//commons.wikimedia.org/wiki/File141008_03_HR_ThomasHeatherwick_CREDIT_ElenaHeatherwick.jpg"https://commons.wikimedia.org/wiki/File:141008_03_HR_ThomasHeatherwick_CREDIT_ElenaHeatherwick.jpg

헤더윅은 1970년 2월 17일 런던에서 태어났다. 그의 모친 증조부는 런던의 주요 패션 회사인 예거의 소유주였으며 그의 삼촌은 기자 니콜라스 토말린이었다. 런던 북부 우드 그린에서 초등학교를 졸업한 후 켄트의 사립 세븐 오크 스쿨을 졸업했고, 맨체스터 폴리테크닉과 왕립 예술 대학(RCA)에서 3차원 디자인을 공부했다.

1994년 RCA를 졸업한 후 헤더윅은 헤더윅 스튜디오(Heatherwick Studio)를 설립했다. 건축가 및 산업디자이너로 활동하며 헤더윅은 대표적으로 런던 이층 버스, 2012년 런던 올림픽 성화, 2010년 상하이 엑스포 영국관에 이르기까지 다양한 도시 오브젝트를 디자인했다. 런던 시장의 요청으로 디자인한 이층 버스는 기존의 '감옥 같은' 답답함을 벗고 사람들이 편안함을 느낄 수 있도록 넓은 창문과 부드러운 유선형의 뒷모습으로 재탄생했으며, 기술적으로도 40% 에너지 효율을 끌어올렸다. 상하이 엑스포 영국관을 계획할 때 헤더윅은 도시의 미래에 관한 주제이기 때문에 자연과 도시의 융합에 대해 디자인으로 이야기하고 싶었다고 한다.

자연의 모습을 건물 디자인으로 표현하기 위해 헤더윅은 파격적으로 6만 6천여 개의 광섬유로 건물 밖을 뒤덮어 마치 목화솜이나 민들레 씨앗처럼 보이게 했다(실제로 각 섬유 끝에 밀레니엄 종자 은행으로부터 받은 각종 씨앗을 넣었다). 바람이 불면 실제로 건물 전체가 부드럽게 흔들리는 이 디자인으로 헤더윅은 250여 개의 경쟁사를 누르고 상하이 엑스포 영국관 디자인 공모전에서 우승, 실제 건축을 담당하게 된다. 이런 업적을 쌓아온 헤더윅은 2016년 서울 디뮤지엄에서 전시회를 개최하기도 했다.

헤더윅이 디자인한 런던의 이층 버스

신형과 구형

헤더윅이 디자인한 런던 올림픽 성화대

헤더윅이 디자인한 런던 올림픽 성화대. 오른쪽 하단에 보이는 성화대는 올림픽 참가국을 상징하는 204개의 각각 다른 모양의 꽃잎 성화대를 만든 것이다. 꽃이 만개하듯 활짝 펼치며 타오르는 모습이 특징이다.

상하이 엑스포 영국관

5. HYPERLINK "https//commons.wikimedia.org/wiki/FileThe_Phoenix_and_the_Flame_(3).jpg"https://commons.wikimedia.org/wiki/File:The_Phoenix_and_the_Flame_(3).jpg
6. https://commons.wikimedia.org/wiki/File:See_UKP2010_From_HLP2010.JPG

패딩턴 한 페이지 요약

패딩턴: 10세기부터 있었던 색슨족의 정착지, 동화 패딩턴 베어의 배경, 1842년 빅토리아 여왕의 첫 번째 철도 여행의 출발지, 1863년 세계 최초의 지하철이 개통된 곳(비교: 1861년 김정호의 대동여지도 제작), 왕족들이 태어나는 왕실병원 세인트 메리병원, 런던의 물길 리젠트 운하가 지나는 도시 재생의 심장부.

리젠트 운하: 서쪽의 패딩턴부터 리젠트 파크, 런던 동물원, 캠든 마켓, 킹스 크로스, 동쪽의 카나리 워프까지 이어지는 런던의 물길.

그랜드 크로스 운하망: 18세기 산업 혁명과 함께 물류 혁명을 위한 4대강 프로젝트 시작, 영국의 4개의 강을 잇는 6km의 운하를 십자가 모양으로 연결. 아쉽게도 기차의 발명과 함께 운하 시대는 짧은 막을 내림.

리틀 베니스: 런던의 비싼 임대료를 피해 배 위에서 생활하는 수변 주거지, 이탈리아 수상 도시 베니스를 닮기도 했고, 베니스 출신인 빅토리아 시대의 시인 로버트 브라우닝이 여생을 보낸 동네.

패딩턴 도시 재생의 역사: 18세기 물류의 핵심인 운하의 쇠락 →20세기 초 세인트 메리병원 왕실병원 지정 →2000년 운하를 대대적으로 청소하는 패딩턴 워터사이드 프로젝트 → 머천트 스퀘어 완공.

토마스 헤더윅: 영국의 다빈치로 불리는 작은 의자 디자인에서부터 구글 본사와 도시 설계에 이르기까지 천재성에는 경계가 없음을 보여 주는 혁신의 아이콘.

롤링 브리지: 축구 선수 정강이뼈가 부러진 모습에서 착안한 팔각형으로 접히는 다리로 패딩턴 지역의 명물.

* 영상으로 보는 패딩턴

Part 2.

킹스 크로스

King's Cross

Place 4 *King's Cross Station*

Place 5 *Coal Drop Yard*

Place 6 *Google London H*

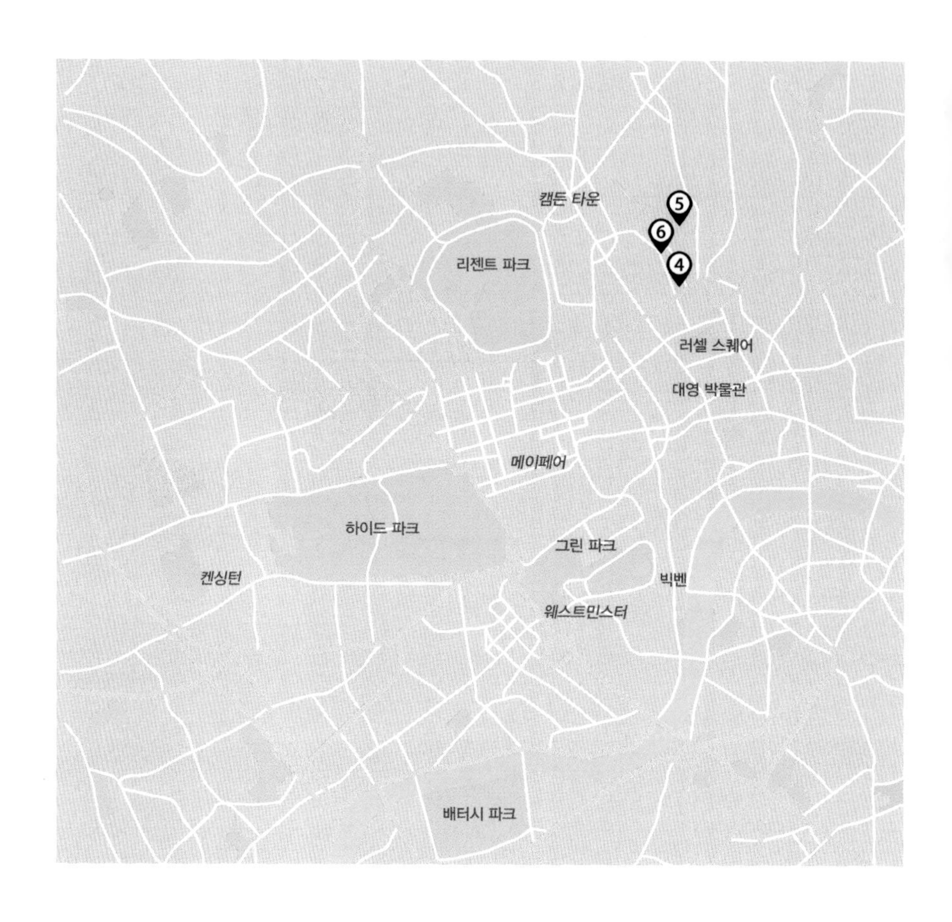

Place 4. 해리 포터의 9와 3/4 승강장 King's Cross Station

Place 5. 석탄 창고에서 복합문화상업공간으로 탄생 Coal Drop Yard

Place 6. 런던의 역사가 담긴 고전 건물과 현대식 공간의 조화 Google London HQ

Place 04.

해리 포터의 9와 3/4 승강장

King's Cross Station

♬ Platform Nine and Three Quarters
- Harry Potter and the Philosophers Stone Soundtrack

이 음악은 뭔가 익숙한데요? 혹시 해리 포터의 OST인가요?

네, 흘러나오는 곡은 영화 〈해리 포터〉에 나오는 '9와 3/4 승강장'이라는 곡이죠. 여기는 킹스 크로스역입니다. 왕의 십자대로가 만들어진 곳이죠. 바로 영국이 지금의 모습을 갖추게 되었던 조지 4세의 왕자 시절, 즉 리젠시 시대라고 불리는 시절에 건축가 존 내쉬와 함께 런던을 탈바꿈시켰던 그 시기에 이름 붙여진 것이 바로 킹스 크로스입니다.

이번에 소개해 드릴 지역은 킹스 크로스 지역입니다. 현재 킹스 크로스로 알려진 이 지역은 고대 로마 제국이 영국을 정복하고 세운 론디니움(Londinium) 정착지에서 북서쪽으로 약 2km 떨어져 있습니다. 로마 점령지였을 당시 이곳은 로마 함대가 강을 건너는 장소였을 것으로 추정됩니다. 또한, 로마 제국에 맞서 반란을 일으킨 부디카 여왕과 로마 침략자들 사이의 전설적인 전투 장소로도 알려져 있습니다.

산업 혁명으로 영국이 발전하기 시작한 18세기에 런던이 대폭 확장되었는데, 그럼에도 불구하고 킹스 크로스는 발전되지 않고 시골에 머물렀었습니다. 그러다가 1820년 리젠트 운하가 완공되면서 킹스 크로스는 잉글랜드 북부의 주요 산업 도시와 연결되었습니다. 그리고 1830년 배틀 브리지 교차로에 조지 4세의 동상이 세워지면서 왕의 교차로라는 뜻의 킹스 크로스로 불리게 된 것입니다. 그런데 이 동상은 조롱을 불러일으켰고, 결국 1842년에 철거되었지만 아직도 이 지역의 이름은 킹스 크로스로 남아 있습니다. 그 이후 킹스 크로스역이 들어서면서 이 지역은 교통의 중심지가 되었습니다. 제가 소개할 이 킹스 크로스 지역의 키워드도 도시 재생입니다.

영화 〈해리 포터〉에서 해리 포터가 바로 이곳 킹스 크로스역 9와 3/4 승강장에서 호그와트 마법 학교로 가는 기차를 타지요. 바로 해리 포터가 출발했던 역 킹스 크로스역에 와 있습니다.

제가 해리 포터 시리즈 덕후인데 정말 잘 되었네요. 그럼 여기서 해리 포터 이야기를 해 주시는 건가요?

네, 물론 해리 포터와 해리 포터를 쓴 조앤 K 롤링의 이야기도 해 드리겠습니다만, 여기에 온 목적은 바로 이곳도 런던 도심 재생 사업의 중요한 장소이기 때문입니다. 킹스 크로스역은 해리 포터에 나오는 호그와트 급행열차의 승강장인 '9와 4분의 3 플랫폼'으로 유명하고 역 내에 해리 포터 공식 기념품 판매점이 있기도 한데, 많은 사람들이 해리 포터 책을 읽으며 '왜 하필 킹스 크로스역일까'라는 궁금증을 가지셨을 거예요.

이에 대해 해리 포터의 저자 조앤 K 롤링은 2016년 인터뷰에서 킹스 크로스역이 개인적으로 큰 의미를 가진 곳이기에 호그와트 급행열차의 출발점으로, 나아가 해리 포터 전체 이야기의 시작점으로 삼았다고 합니다. 바로 그녀의 부모님이 킹스 크로스에서 출발하는 에딘버러행 기차에서 처음 만나셨기 때문이라고 하더군요. 해리 포터가 세계적인 인기를 얻은 지금도 킹스 크로스역 공식 기념품 가게 옆에 마련된 호그와트 급행열차 포토존을 지나갈 때마다 조앤 K 롤링은 굉장히 자랑스럽고 벅찬 감정을 느낀다고 하네요. 어쨌든 조앤 K 롤링이 이곳을 해리 포터의 호그와트 마법 학교로 가는 출발지로 설정함에 따라 전 세계에서 오는 수많은 해리 포터 팬들이 반드시 찾아오는 해리 포터의 성지가 되었습니다.

9와 3/4 승강장 포토존

9와 3/4 승강장에서 저자

9와 3/4 승강장 실제 모습

해리 포터의 실제 촬영지는 킹스 크로스역에 설치된 포토존과 다릅니다. 꼭 오셔서 실제 승강장을 찾아보시길 바랍니다.

네, 잘 알겠습니다. 그럼 이곳이 해리 포터 때문에 도심 재개발이 진행된 건가요?

그건 아닙니다. 혹시 유로스타 열차는 들어보셨는지요?

런던과 파리를 지하 터널로 연결해서 다니는 고속 열차 아닌가요?

네, 맞습니다. 복잡한 공항 수속 없이 간편하게 기차로 파리까지 2시간 15분, 벨기에까지 3시간 만에 도착해서 영국인들에게 인기가 많은 런던과 유럽을 연결하는 대표적인 교통수단입니다. 킹스 크로스역과 연결되어 있는 세인트판크라스역이 유로스타 라인의 영국 종착역입니다. 유로스타는 프랑스의 고속철

TGV를 바탕으로 영국, 프랑스, 벨기에가 공동 개발한 고속 철도인데 최고 시속 300km로 달리는 열차입니다. 원래 유로스타가 처음 개통되었던 1994년에는 영국 종착역이 세인트판크라스역이 아니라 워털루역이었습니다. 당시에는 영국 내에 고속 철도 선로인 CTRL(Channel Tunnel Rail Link)가 설치되어 있지 않았는데, 2007년에 CTRL이 세인트 판크라스역으로 새로 설치되면서 종착역이 워털루역에서 세인트 판크라스역으로 옮겨가게 되었습니다.

그리고 프랑스인들의 입장에서는 유로스타를 타고 영국에 놀러 왔는데 내리는 역이 과거 200년 전에 나폴레옹이 패전했던 전투인 워털루 전투에서 이름을 따온 워털루역에 내리면 기분이 안 좋았기 때문입니다. 그래서 이에 대한 불만을 표출해서 종착역이 바뀌게 되었다는 이야기도 있습니다. 뭐 향후 일본이랑 해저 열차가 만들어졌는데 도착지 역 이름이 원자탄역 이런 거라고 할까요?

워털루역에는 그런 사연이 있었군요. 암튼 지금은 런던에서 파리까지 2시간 정도밖에 안 걸리는군요. 유로스타 덕분에 유럽 대륙과 영국이 좀 더 가까워질 수 있게 되었네요. 그러면 유로스타 개통 이후에 이곳이 재개발하게 된 건가요?

네, 그 영향이 없었다고는 할 수 없지만 순서에 따라 보았을 때, 이 지역 재개발 프로젝트가 먼저 수립되고 그 일환으로 유로스타의 종착역도 이곳으로 옮겨온 것으로 보는 게 맞습니다. 과거 2차 세계 대전 직후 킹스 크로스 지역의 모습은 지금과는 사뭇 달랐는데, 전쟁이 끝나고 영국의 제조업이 몰락하기 시작하면서 이곳은 노동자들이 떠나가 폐허가 되었고 높은 범죄율과 노숙자들이 몰리는 지역이 되었습니다. 여러 문제로 심각성이 대두되자 1980년, 런던 도심 재개발 사업 대상지로 선정되어 '킹스 크로스 재건 프로젝트'가 시작되었습니다. 그러나 재건 계획을 합의하기까지는 오랜 시간이 걸렸는데, 산업 혁명 시절의 유적들을 보존하고 싶던 정부와 현대식 시설을 원했던 주민들 사이에서 갈등이 심했기 때문입니다. 무려 20여 년간의 긴 논의 끝에 재건 계획이 협의되었고 프로젝트에 참가하는 건축업체들은 산업 혁명 시절의 모습을 재해석해 현대 건축미를 더하며 실용성까지 살리는 어려운 조건으로 리모델링 작업에 들어가게 되었던 것이죠.

아니, 재개발 프로젝트를 주민들과 합의하는데 20년이 넘게 걸려요? 우리로서는 상상할 수 없는 얘기네요. 우리는 주민들의 이견이 있어도 정부에서 신속하게 밀어붙이지 않나요?

뭐 제가 국내 사정이야 잘 모르지만 우리나라도 이젠 과거와는 달리 불도저식 재개발 사업을 무리하게 추진하지는 않는 것으로 알고 있습니다. 아무튼 영국은 역사와 전통을 중시하므로 과거의 것을 보존하고 현대의 모습과 조화를 이루며 재개발을 하는 나라이기에 우리가 이런 정신은 꼭 본받아야 한다고 생각합니다.

그럼 킹스 크로스 재개발 프로젝트는 어떤 특징이 있는 건가요?

우선 첫 번째로 킹스 크로스역 리모델링이 해당 프로젝트의 성공적인 예시로 들 수 있습니다. 19세기의 건축 양식을 기차 플랫폼에서 찾아볼 수 있으면서 동시에 현대적으로 마감된 쇼핑 및 환승센터를 갖추게 된 것이지요. 킹스 크로스역은 해리 포터 때문에 세계적으로 유명세를 탔지만 사실 오래전부터 런던의 중요한 기차역으로 기능을 해 왔습니다. 킹스 크로스역은 잉글랜드 북부나 스코틀랜드로 가는 기차를 탈 때 이용하던 역이었습니다. 1852년에 지어져 오래된 역사를 자랑하지만, 건너편의 국제열차가 오가는 세인트판크라스역과 비교되면서 낡고 어두운 역이라는 이미지가 강했습니다. 이처럼 어두운 우범지대의 이미지를 가지고 있던 이 역이 4년간의 리노베이션 과정을 거쳐 2013년 새롭게 거듭나게 되었지요.

오래된 역을 부수지 않고 철근과 유리를 덧대는 방식으로 공사를 하여 신구의 조화를 이루어 건축학적 가치가 있는 멋진 건물로 거듭나게 되었습니다. 존 매카슬란(john McAslan)이 설계한 역사 내부는 반원형 하얀색 철근 구조물이 폭포수를 거꾸로 뿜어내는 모습을 하고 있습니다. 조명에 따라서 바뀌는 모습이 먼 여행을 떠나는 기차역의 이미지와 잘 어울리고 있지요. 과거와 현대의 모습이 조화를 이루도록 리모델링한 사례 중에 대표적인 사례라고 할 수 있습니다.

킹스 크로스역의 재개발 목적은 승객 수용 인원을 늘리고 연계되는 지하철과 길 건너 세인트판크라스역과의 환승성을 높이는 것뿐만이 아니라, 현대적이고 매력적인 소매 상가 시설을 늘리는 것이었습니다.

킹스 크로스역 변경 전과 후

킹스 크로스역 변경 전과 후

킹스 크로스역은 정말 옛날 모습과 현대적인 모습이 잘 조화된 역으로 바뀌었네요.

킹스 크로스역만 바뀐 게 아닙니다. 킹스 크로스역은 빅토리안 시대인 19세기에는 중요한 산업 거점이었습니다. 그러다가 철도가 쇠락하면서 20세기 후반에 들어와서는 쓰지 않는 옛날 건물이나 창고 그리고 버려진 철도 부지로 남아 있게 되었던 것이죠. 그래서 킹스 크로스역뿐만이 아니라 역 주변의 환경에 대하여도 대대적인 재개발을 하게 되었던 겁니다. 그 이후로 킹스 크로스 지역에는 구글, 루이비통, 유니버설 뮤직 등 글로벌 회사들의 사옥이 들어서게 되어 런던의 새로운 중심지로 각광받게 되었습니다. 또한, 과거 사용되던 석유 탱크들을 철거하며 그 철골 구조물을 개조해 주거 공간으로 재탄생시킨 가스 홀더 런던(Gasholder London)도 유명합니다. 구글 유럽 본부 사옥 건물에 대하여는 뒤에서 더 자세히 설명해 드리겠습니다.

가스 홀더 런던(Gasholder London)

Place 05.

석탄 창고에서 복합문화상업공간으로 탄생

Coal Drop Yard

♬ Somewhere over the rainbow

킹스 크로스 재개발 프로젝트에서 가장 인상적인 부분은 아마도 콜드롭야드(Coal Drop Yard)입니다. 우리말로 하면 석탄 저장소가 되겠습니다.

이곳에 석탄 저장소가 있었나 봐요?

19세기에 발명된 증기 기관차는 아시다시피 석탄을 연료로 발생된 증기로 움직이던 열차였습니다. 옛날 영화에서 보시면 증기 기관차에는 기차가 달리면서 계속 화부들이 삽으로 석탄을 증기 기관 안으로 퍼 넣는 장면들이 나옵니다. 이러한 증기 기관차 바로 뒤 칸에는 석탄만 싣고 다니는 석탄 화물칸이 따로 있었고요. 그런데 석탄이라는 것은 부피를 많이 차지하는 연료이다 보니 역마다 산더미같이 석탄을 쌓아놓는 저장소들이 있었지요. 빅토리안 시대 석탄 저장소로 쓰인 콜드롭야드는 요크셔 지방에서 채굴되어 마차와 기차로 배달되는 석탄을 하차하고 저장하는 용도로 처음 지어졌습니다. 석탄은 당시 증기 기관차뿐만이 아니라 도시의 조명, 난방 등에도 사용하던 절대적인 에너지원이었습니다. 1800년대 런던에는 전기가 보급되지 않아 조명, 난방의 대부분을 석탄 가스로 해결했기 때문에 이와 같은 석탄 저장고가 곳곳에 있었습니다.

앞에 보시다시피 콜드롭야드는 동부(Eastern)와 서부(Western) 두 건물로 이루어져 있는데, 1851년 동부 건물이 먼저 지어졌습니다. 당시 3층 옆으로 철길이 나 있어 기차에서 바로 석탄을 내리고 1층에는 마차들이 드나들 수 있도록 했습니다. 서부 건물은 9년 뒤 1860년에 지어져 건물 뒤 석탄과 석재(Coal and Stone Basin) 운하와 연결되어 화물선에서 바로 석탄을 내릴 수 있도록 했습니다.

재개발 전의 석탄 저장소 모습

7. https://commons.wikimedia.org/w/index.php?search=Former+coal+drops+-+Kings+Cross&title=Special:MediaSearch&go=Go&type=image

현재 고급 아파트로 변신한 가스 홀더 런던의 가스탱크가 있던 과거 모습

아, 그렇군요. 그럼 석탄은 언제까지 사용한 건가요?

1800년대 후반으로 접어들며 내연 기관이 발명되면서 자동차뿐만이 아니라 철도에도 증기기관이 아닌 내연 기관 디젤 엔진이 장착된 기차가 등장하면서 석탄 연료의 수요는 점점 줄어들게 되었습니다. 그래서 석탄 저장소인 콜드롭야드도 그 용도를 지속할 수가 없게 되었고, 이후 여러 차례 매각과 리모델링을 거치며 철강 재료 창고, 유리병 공장 등으로 사용되었습니다. 1980년대 초에는 엑스터시를 비롯한 마약을 불법적으로 보관하는 데 쓰이기도 했다고 합니다. 그리고 2000년대 초까지는 나이트클럽, 바 등으로 사용되었고 빈 건물이나 공터가 많아 슬럼화되고 있었습니다.

8. https://www.flickr.com/photos/28083135@N06/51159220380/in/photolist-2kWLnRN-2kxBL8U-2hbsP7V-2iLUyna-DPbg3s-2m4YG9W-szyuWr-KVLcoo-2gjdYyG-2jWpar9-2gC8LJC-2jMzybb-NqswiX-2hRmhHA-2kyUabA-2mbyCoT-2j4kJt5-SqCCWJ-L27vRJ-PHoFnm-2iwHS8W-2kxLKqV-MyAM7M-2kEQsu1-tuRXtu-MyAwh6-2cEtstQ-257YBft-fKpknn-2kWmyv8-2mbEe5s-Ntks9b-2ixnKWB-2kJxRAK-2iwWrY7-2juh3fV-2hRRY6m-28AkiCV-2ixL2hT-2iUaJQb-CVsKAT-2iuumXK-ACszbx-24MwM5d-2kPT8WY-2gcTTe9-2iJ9tRV-Udjhox-Hqc95B-2m9e5wf

새롭게 변신한 석탄 저장소 전경

석탄 저장소가 어떤 용도로 변신한 건가요?

런던시는 킹스 크로스 개발 회사(King's Cross Central Limited Partnership)를 설립하여, 2008년부터 고밀도 역세권 개발 사업을 추진했습니다. 그 킹스 크로스역 개발 사업의 화룡점정으로 완공된 건물이 바로 이 석탄 저장소인데요, 이러한 리노베이션을 디자인한 사람이 앞서 말씀드린 영국의 다빈치, 토마스 헤더윅입니다. 2014년에 토마스 헤더윅이 재건 프로젝트에 착수했고, 4년간 공사 끝에 2018년 Çoal Drop Yard라는 이름의 쇼핑몰, 레스토랑, 바, 공연 무대를 갖춘 복합문화상업공간으로 대중 앞에 다시 모습을 드러내게 된 것입니다. 산업 혁명 시대 석탄을 싣고 내리기 위한 아치 구조물과 부드럽게 연결되는 현대식 지붕이 헤더윅 디자인의 핵심 포인트인데(TVP), 복합 소재로 강도를 유지하면서 부드러운 곡선을 만들어 낸 것이 특징입니다. 또한, 두 지붕이 가운데에서 만나는 모습으로 '입맞춤 지붕(Kissing Roofs)'이라는 별명을 얻었는데, 키스하는 지붕이 넓은 광장을 내려다보는 모습입니다. 칼 하트, 프레드 페리 등 유명 패션 브랜드부터 소규모 인디 커피숍 등이 입점해 있으며, 바로 옆에 영국 최고의 디자인 학교인 런던예술대학 소속인 센트럴 세인트 마틴이 위치해 협동 디자인 전시회 등을 개최하기도 합니다. 2018년 문을 연 지 1년 만에 영국에서 권위 있는 건축 어워드인 RIBA(Royal Institute of British Architects)에서 2019년 영국 최고의 현대건축물로 선정되기도 했습니다.

석탄 저장소에서 해맑게 웃고 있는 필자

와우 정말 참신한 발상이네요. 석탄 저장소가 이런 멋진 복합문화상업공간이 되다니요. 저기 입맞춤 지붕에서 근무하는 사람들은 매일 키스 받는 기분이겠네요.

그게 어딜까요? 2019년 9월, 이곳 석탄 저장소 쇼핑몰 2층에 약 1,858m2의 면적으로 삼성 킹스 크로스 플래그십을 오픈했습니다. 삼성은 이곳을 KX라고 이름 짓고, "Samsung KX is not a shop. It's a place to see things, learn stuff, push your limits and open your mind(삼성KX는 숍이 아닙니다. 여러분들이 보고, 배우고, 여러분의 한계를 밀어내 마음을 오픈하는 곳입니다)." 삼성 킹스 크로스 플래그십은 혁신적인 IT 제품들과 런던의 문화, 예술을 조화시킨 '디지털 놀이터'를 만들었는데요. 이곳은 때로는 패션쇼, 쿠킹쇼, 콘서트홀 등으로 변신하는 복합문화공간으로도 활용되고 있습니다. 그래서 이렇게 다양한 문화, 예술, 스포츠가 결합된 삼성의 IT 제품 서비스가 시너지가 된 마케팅 활동으로 고객들에게 호평을 받고 있습니다. 해외 교민으로서 어깨가 으쓱해지고 있습니다. 정말 우리나라의 대표기업인 삼성이 런던에서도 국위 선양하고 있는 모습을 보면 애국심이 절로 생깁니다.

석탄과 열차 그리고 시커먼 석탄이 연상되는 과거 산업 혁명 시대의 건물이 한때는 시대의 변화에 뒤처져 낙후 지역이 되었다가, 다시 이렇게 창조적인 아이디어를 더하여 새롭게 IT기술과 문화가 융합된 새로운 시대의 아이콘으로 변신하는 모습을 보면서 우리에게도 많은 시사점을 주고 있다고 생각합니다.

삼성 킹스 크로스 플래그십

삼성 킹스 크로스 플래그십

삼성 킹스 크로스 플래그십

삼성 킹스 크로스 플래그십

Place 06.

런던의 역사가 담긴 고전 건물과 현대식 공간의 조화

Google London HQ

♬ Enya
- Book Of Day

킹스 크로스 지역에는 헤더윅이 설계한 또 하나의 대표적인 건축물이 있는데, 바로 구글의 유럽 본부 건물입니다. 구글이 1조 4,000억 원을 투입한 11층 높이의 건물로 2017년 11월에 착공되었습니다.

건축은 사랑이라는 재미있는 문구가 적힌 완공 예정인 구글 본사의 가상 이미지

그런데 솔직히 제가 보기에 구글 건물은 옆으로 길기만 한 평범한 건물 같아 보이는데요?

이렇게 밑에서 보면 구글 건물은 길이만 긴 평범한 건물로 보일 수 있습니다. 그러나 알고 보면 그보다 훨씬 더 많은 것을 상징하고 있습니다. 우리가 고층 건물을 말할 때 보통 '스카이스크래퍼(Skyscraper)' 우리말로 마천루라고 부르지요. 하지만 이 건물은 헤더윅이 '랜드스크래퍼(landscraper)'라고 불렀습니다. 즉, Skyscraper 고층 건물의 높이와 수직만큼 Landscraper는 옆으로 길고 수평인 건물로 땅의 면적을 넓게 차지하면서 기념비적인 건물을 말합니다. 헤더윅은 Landscraper로 건물을 만들면 사람들이 일하는 곳의 형태가 매우 다양하게 바뀔 수 있다고 생각한 것입니다. 이 구글 건물은 330m이며 런던에서 가장 높은 건물인 샤드보다 20m 더 깁니다. 또한, 뉴욕의 상징적인 엠파이어 스테이트 건물 높이 380m와 길이가 비슷합니다.

랜드스크레이퍼라는 말은 처음 듣네요. 여기에도 헤더윅의 철학이 들어간 거 같은데, 그의 건축 철학이 뭡니까?

헤더윅이 네덜란드 건축가 비아케 잉겔스와 협력하여 설계한 이 건물은 헤더윅이 밝히기로 하나부터 열까지 자연을 주제로 설계했다고 합니다. 특이한 점으로 200m 길이의 넓은 옥상이 있는데, '고원', '정원', '들판'을 테마로 3개 구획으로 나눠 다층식으로 조성했으며 수목, 잔디, 야생화, 테라스, 계단, 벤치, 달리기 트랙 등을 갖추고 있습니다. 내부에는 개방형 사무실과 회의실, 올림픽 규모의 수영장, 스포츠홀, 카페, 강당, 상점 등이 들어서 있기도 합니다. 킹스 크로스는 런던의 역사를 간직한 고전 건물들과 현대식 공간의 충돌과 조화가 매혹적인 지점으로 헤더윅은 이러한 지역의 특색에 맞게 구글 캠퍼스를 설계했다고 말한 바 있습니다. 2021년 말 완공 예정인 세계 최대 규모의 구글 유럽 본사 사옥은 공중 정원을 콘셉트로, 구글에서 일하는 직원뿐만 아니라 런던 시민들까지도 함께 모여 쉬고 아이디어와 이야기를 나눌 수 있는 공간을 목적으로 기획되었다고 합니다.

미국 미래학자이자 《The Signals Is Talking》의 저자인 에이미 웹(Amy Webb)은 "오늘의 주변이 내일의 주류가 되는 이유는 앞으로 더 많은 랜드스크래퍼 건물이 등장할 것이기 때문입니다"라고 말했습니다. 그녀는 조만간 런던을 넘어서 전 세계적으로 랜드스크레이퍼 건물이 더 흔해질 것이라고 예상하고 있습니다.

아, 그렇군요. 잘은 모르겠지만 토마스 헤더윅은 자연 친화적인 건물을 짓는 거 같네요.

네, 맞습니다. 그의 자연 친화적인 구글 건물이 또 하나 있습니다. 구글이 4차 산업 혁명 시대를 맞아 새로운 도시와 건축을 세우려 하고 있습니다. 미국 캘리포니아 마운틴뷰에 건립 중인 구글 신사옥도 토마스 헤더윅과 비아케 잉겔스의 공동 작업으로 건축 중인데요, 실리콘밸리와 구글 플렉스의 여러 문제점을 해결하는 데 중점을 두고 있다고 합니다. 무엇보다 건물 전체를 뒤덮는 거대한 투명 소재의 초록색 지붕을 통해 햇볕이 들어오게 했습니다. 건물 외부의 먼지와 소음을 차단하고, 쾌적한 공기를 유지할 수 있도록 설계했고요. 자동차 중심에서 벗어나 보행 중심의 도시 환경 만들기에 주력했다고 합니다.

킹스 크로스 유튜브 스페이스
구독자 만 명 이상 크리에이터들이 무료로 사용 가능하고 다양한 콜라보레이션을 시도할 수 있는 곳이다.

과거 1950년대 스모그 사태를 겪은 런던의 입장에서는 친환경적인 건축이 정말 필요하겠어요.

네, 맞습니다. 영국에서 시작된 18세기 산업 혁명은 인류 발전을 가져왔지만 거대한 공해도 발생시켰지요. 런던 스모그 사태는 런던의 디젤 버스, 화력 발전소와 가정의 난방용 석탄 등에서 뿜어져 나오는 아황산가스 · 이산화황이 추운 날씨에 멈춰선 대기와 안개에 겹쳐지면서 1952년 그레이트 스모그를 일으켰던 사건입니다. 당시에 천식 · 만성 기관지염 · 폐렴 · 심장질환 등으로 1만 2,000여 명이 목숨을 잃었다고 합니다. 이후 영국은 대기질 개선을 위하여 엄청난 노력을 기울였는데요, 1956년 영국 의회에서 청정 대기법(Clean Air Act)을 제정했고 환경 운동도 이때를 기점으로 폭발했습니다. 신규 자동차에 대한 엄격한 배기가스 규제, 운행 차량에 대한 매연 여과 장치 부착, 공해를 내뿜는 공장들의 시외 이전 등이 이때부터 시행됐습니다. 이제 런던의 공기는 서울과 비교도 할 수 없을 정도로 깨끗한 상태를 유지하고 있는데요, 그럼에도 불구하고 전기차의 도심 주차비를 깎아주는 등 런던 시내 공기를 개선하려는 노력은 지금도 계속되고 있습니다.

1952년 런던의 그레이트 스모그

9. https://www.flickr.com/photos/143731090@N07/41893988641/in/photolist-26Q2DfZ-2mg63Xa-RjiyuB-n8g9hX-bJvYUe-7a8zKo-bz4mXx-2mbynrL-2i71dt8-2gc2nVt-CvVLm-wfVPVQ-wAbf78-wAbf9T-wvdEPG-wiyAH1-vDiwtk-wztDsW-vAEFJv-wfVQ33-wxxrFM-wxRwzu-wiyAKL-GjXMzx-H6YKAQ-2m8U4uC-w29MoY-2hc8cyH-H6YLs9-2m3N6vo-RntMzh-PaXmhZ-2iUitg5-2iK4LeQ-2khQF3j-3zueFz-7pRh8a-2hbCGJT-2hn72mP-E7K5P2-oo4RTX-2gPq6cb-o4P51N-2me7qcZ-2mdXv5j-uVHLWL-ymjJa-H6YKU5-5kz7H1-2hcbDNq
10. https://www.flickr.com/photos/143731090@N07/28004001638/in/photolist-JEBQ3s-R11i8W-26Q2DfZ-CvVLm-mHQUyE-2krx5oH-CAT2B4-brHkzo-jz6vZk-9f9nia-ucV3G7-2eKnd6j-6FAmqk-66vyc6-29Dso87-mMeDtr-mMeCzn-pKroC4-Esykur-Qa2ujj-wfVPVQ-wAbf78-wAbf9T-wvdEPG-wiyAH1-vDiwtk-wztDsW-vAEFJv-wfVQ33-wxxrFM-wxRwzu-wiyAKL-uVHLWL-2kYP9v9-modnf2-danEUd-4RYR9j-2hiDbFo-9Eyu6f-jK9fLG-m1yBEZ-9AsRmT-4YWrQa-rfEyYv-fNUxAj-2kVs6wR-2mg63Xa-2gLNcPx-Rww3CS-Pepp57

관광

킹스 크로스 투어

한국 여행사 투어에서 이쪽을 들르거나 킹스 크로스 재건 · 건축에 대해 깊이 설명하는 투어는 없고, Kings Cross 센트럴 플라자 측에서 제공하는 1시간짜리 워킹 투어는 있다. 이 워킹 투어는 무료이며 다음과 같은 내용으로 진행되고 있다. 20인 단체 투어이고 건축과 역사에 대해 깊이 설명하기보다는 각 빌딩이 어떻게 리모델링되어 어떤 기능을 하는지 설명하는 것에 중점을 두고 있다. 기회가 된다면 한번 들어 보는 것도 좋다.

- The History of the Goods Yard
- Buildings from the industrial era that are now being refurbished and reused.
- 50 new buildings
- 26 acres of open spaces
- Community
- Homes at Kings Cross
- Sustainability and urban development
- Mixed use development
- Estate Management

홈페이지: https://www.kingscross.co.uk/visitor-centre-guided-tours

킹스 크로스 한 페이지 요약

킹스 크로스역: 조앤 K 롤링이 쓴 세계적인 베스트셀러 《해리 포터》에서 호그와트 급행열차의 출발점, 나아가 해리 포터 전체 이야기의 시작점. 철도가 쇠락하면서 20세기 후반에 들어와서는 안 쓰는 옛날 건물이나 창고 그리고 버려진 철도 부지로 남아 있던 킹스 크로스역뿐만이 아니라 역 주변의 환경에 대하여도 대대적인 재개발을 하여 킹스 크로스 지역에는 구글, 루이비통, 유니버설 뮤직 등 글로벌 회사들의 사옥이 들어서게 되어 런던의 새로운 중심지로 각광받음.

세인트판크라스역: 해저 터널을 통하여 파리까지 2시간 15분, 벨기에까지 3시간 만에 도달할 수 있는 유로스타 라인의 영국 종착역.

콜드롭야드(Coal Drop Yard): 19세기 석탄 저장소였던 이곳은 토마스 헤더윅에 의해 리노베이션되어 쇼핑몰, 레스토랑, 바, 공연무대를 갖춘 복합문화상업공간으로 변화됨.

삼성 킹스 크로스 플래그십: 혁신적인 IT 제품들과 런던의 문화, 예술을 조화시킨 '디지털 놀이터'. 패션쇼, 쿠킹쇼, 콘서트홀 등으로 변신하는 복합문화공간으로도 활용되고 있음.

구글 유럽 본사: ‘고원’, ‘정원’, ‘들판’을 테마로 3개 구획으로 나눠져 다층식으로 조성되고 있는 대표적인 랜드스크래퍼(Landscraper) 건물.

* 영상으로 보는 킹스 크로스

Part 3.

시티 오브 런던

City of London

Place 07. *St. Paul's Cathedral*

Place 08. *Paternoster Vents*

Place 09. *City of London*

Place 10. *New Skyline in London*

Place 11. *Sky Garden*

Place 12. *30 St Mary Axe*

Place 13. *The Leadenhall Building*

Place 14. *Lloyd's Building*

Place 15. *Willis Building*

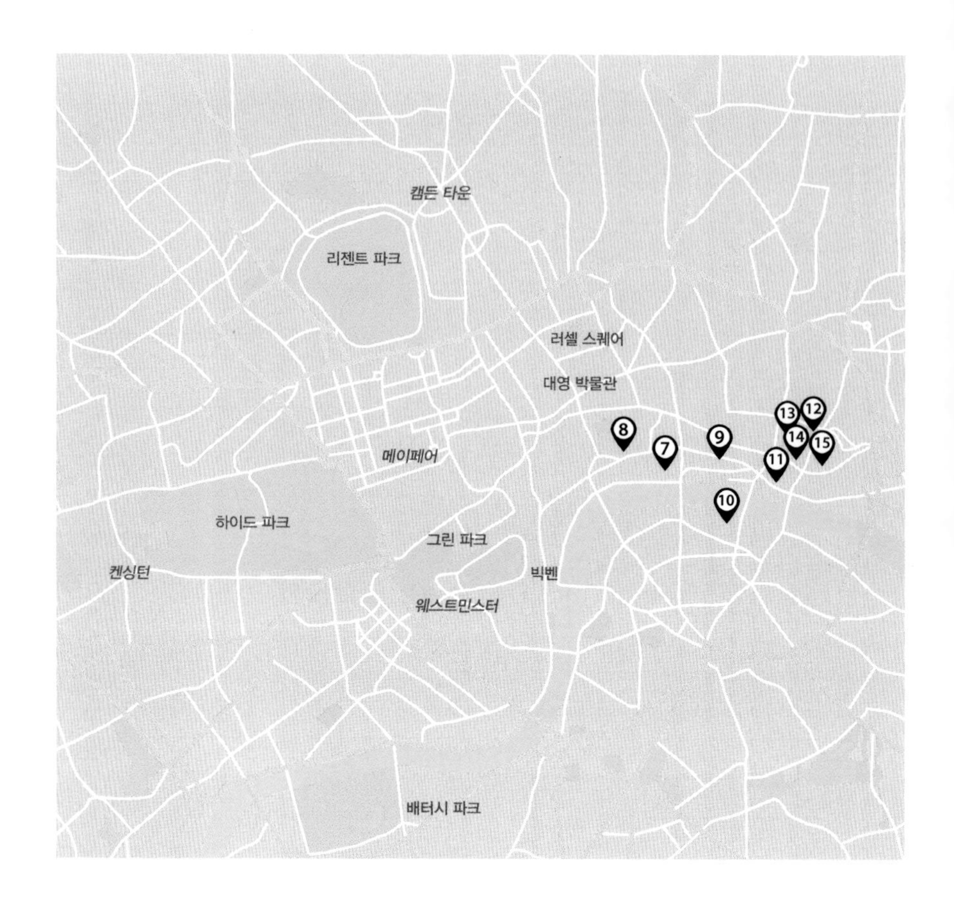

Place 7. 독일 대공습에도 살아남은 건물 St. Paul's Cathedral

Place 8. 이것은 냉각기인가 예술작품인가 Paternoster Vents

Place 9. 런던 속의 진짜 런던 City of London

Place 10. 환골탈태한 런던의 스카이라인 New Skyline in London

Place 11. 바빌론 공중 정원의 재림 Sky Garden

Place 12. 런던 최초의 환경친화적 빌딩 30 St Mary Axe

Place 13. 모듈형 건축의 끝판왕 The Leadenhall Building

Place 14. 하이테크 건축에서 탄생한 미래지향적 빌딩 Lloyd's Building

Place 15. 새우의 등껍질에서 영감을 받은 빌딩 Willis Building

Place 07.

독일 대공습에도 살아남은 건물

St. Paul's Cathedral

♬ Lift Thine Eyes
- Remember Me Anthem(세인트 폴 합창단 노래를 들으며)

런던시는 앞에서 말씀드린 것처럼 고대 로마인에 의해 설립되었으며, 그들의 통치는 AD 43년에서 로마 제국이 붕괴된 AD 5세기까지 이어졌습니다. 거의 400년 동안 로마인들이 이 도시에 터를 잡고 도시 이름은 론디니움(Londinium)이라 명명했으며 인구는 약 5만 명 정도였습니다.

로마인들이 물러간 후 5세기 동안 지속된 앵글로색슨족 침략으로 론디니움은 쇠퇴했고, 8세기에는 에섹스(Essex) 왕국의 수도가 되었습니다. 9세기에 론디니움은 수많은 바이킹의 공격을 받았습니다. 그 결과 덴마크 정착민들은 이 지역에 자리를 잡고 무역을 장려하고 도시에서 사업을 시작하여 영국 최초의 도심으로 탈바꿈했습니다.

1066년 노르망디 공국의 윌리엄 듀크 공작이 영국을 정복하며 정복왕 윌리엄

이 되며 영국의 새로운 역사를 열었습니다. 그는 도시의 기존 권리, 법률 및 특권을 확립했습니다. 런던 타워는 윌리엄의 통치 기간에 지어졌습니다. 그 이후 시티 오브 런던(City of London)은 런던의 심장부가 되어 왕궁, 성당, 법원 등의 중심지가 되었습니다. 그중에서도 대성당은 시티 오브 런던의 상징과도 같은 곳이 되었습니다.

세인트 폴 대성당(St. Paul's Cathedral)은 런더너들뿐만이 아니고 모든 영국인에게 있어 국가의 영혼이자 국민 대통합의 상징 같은 곳입니다. 세인트 폴은 영국이 좋을 때나 안 좋을 때나 언제나 함께해 왔는데, 특히 영국의 대재앙을 세인트 폴과 함께 극복해 왔습니다. 최근 세인트 폴은 "Remember me"라고 불리는 온라인 책을 내놓았습니다. 코로나의 희생자들을 기억하는 온라인 책이고 향후 세인트 폴 대성당 내부에 기념비를 세울 예정입니다. 세인트 폴은 단순히 종교적인 건축물이 아닙니다. 런던을 1400년 전부터 지켜왔었거든요. 세인트 폴 대성당은 런던 중의 런던, 즉 시티 오브 런던의 심장부라고 할 수 있는 곳이기에 이 세인트 폴을 설명해야만 이곳 시티 오브 런던의 다른 크리에이티브한 모습들을 설명해 드릴 수 있습니다. 그래서 먼저 세인트 폴 대성당부터 설명해 드리고자 합니다.

세인트 폴 대성당

세인트 폴 대성당 내부

코로나 기념비가 세워질 북쪽 트랜셉트

알겠습니다. 그렇지 않아도 세인트 폴 대성당은 꼭 가 보고 싶은 성당이었습니다. 오늘 주제가 미래의 런던이라 과거의 런던은 안 보여 주실까 봐 사실 조금 불안했어요. 자세한 설명 부탁드릴게요.

앞서 말씀드렸다시피 런던 금융 중심가인 시티 오브 런던을 대표하는 가장 상징적인 건물은 세인트 폴 대성당일 것입니다. 세인트 폴 대성당은 원래 런던을 대표하는 성공회 대성당으로 세계에서 두 번째로 큰 돔 성당입니다. 웨스트민스터 사원이 대관식과 왕실의 장례식을 하는 장소로 왕과 귀족들을 위해 존재한 곳이라면, 세인트 폴 대성당은 오랜 시간 서민들과 함께 호흡해 온 곳입니다. 그래서 서민들의 성당(People's Church)이라고도 불립니다. 영국 국민들을 위해 싸운 영웅들을 위한 여러 국가 행사들이 치러졌었죠. 영국 사람들이 가장 존경하는 넬슨 제독과 웰링턴 장군 그리고 처칠 수상의 장례식도 이곳에서 치러졌습니다. 또한, 백의 천사 나이팅게일의 추모 예배도 이곳에서 국가 행사로 열렸습니다. 최근에 21세기의 비극 그렌펠 타워 희생자를 위한 추모 예배와 코로나 희생자를 위한 추모 예배도, 우리나라 6.25 전쟁에 참전한 용사들도 세인트 폴이 기억해 주고 있습니다.

넬슨 제독 무덤

웰링턴 장군 무덤

나이팅게일 기념비(좌), 6.25 참전 용사 기념비(우)

세인트 폴 대성당은 604년에 로마 교황청에서 런던으로 보낸 수도승 멜리투스(Mellitus)에 의해 나무로 자그마한 성당을 지은 것으로 시작되었습니다. 그때 사도 바울에게 봉헌된 성당이었기에 세인트 폴 대성당으로 불리게 되었던 것이구요. 이후 바이킹의 침공과 화재 등으로 여러 번 파괴와 재건이 반복되다가 1666년 런던 대화재 때 불타 없어졌습니다. 이때 영국의 천재적인 건축가 크리스토퍼 렌에 의해 1675년에 다섯 번째로 다시 짓기 시작하여 35년 만에 완공되어 지금의 모습이 되었습니다. 원래는 가톨릭 성당이었으나 종교개혁 이후 영국 성공회의 성당이 되었습니다. 세인트 폴 대성당은 영국 성공회의 권위와 위상을 상징한다고 하며 소리를 증폭시켜 30m 밖에서 속삭이는 소리도 들리게 하는 돔, 8t짜리 황금 십자가 등 당시 최고의 건축 기술을 사용했습니다. 로마에 있는 바티칸 성 베드로 대성당에 이어 세계에서 두 번째로 큰 성당입니다.

크리스토퍼 렌 이전의 세인트 폴 대성당의 모습은 고딕 양식으로 돔 없이 첨탑만 우두커니 있는 형태였는데, 렌은 가톨릭에서 즐겨 사용하는 바로크식의 웅장한 돔을 얹고 싶어 했습니다. 당시 국왕 찰스 2세는 이에 찬성했지만, 왕립위원회에서는 어딜 감히 가톨릭을 따라가려 하느냐고 격렬히 반대했습니다. 그때만 하더라도 종교개혁의 혼란이 아직 가시지 않은 상태라 디자인만 봐도 가슴이 벌렁벌렁하던 시기죠. 세 번의 수정 끝에 렌은 일단 고딕 양식으로 성당 설계를 승인받고는 독단적으로 바로크 양식으로 공사를 강행하는 배 째라 전략을 감행했습니다. 결국 대부분의 공사가 끝나자 왕립위원회에서도 인정할 수밖에 없었습니다. 이 덕분에 세인트 폴 대성당은 고딕 양식으로 지어진 성당들이 즐비한 영국에서 유일하게 돔을 얹은 잉글리시 바로크 양식의 성당이 되었던 겁니다. 여담으로 크리스토퍼 렌은 건물 설계 자체보다 런던의 지위 높은 귀족들을 설득하고 맞서 싸우느라 엄청난 스트레스를 받았다고 하는데, 그런 것치고는 91세까지 사셨으니 굉장히 장수했습니다. 70세가 넘었을 때도 일꾼들에게 자신을 직접 업고 올라가게 해서 돔 위에서 감독하곤 했다고 합니다.

그 일꾼들 고생 많이 했겠네요. 아마 크리스토퍼 렌은 천재일뿐더러 뚝심도 대단한 사람이었던 거 같아요.

네, 맞습니다. 결과적으로 그의 고딕과 바로크가 혼재된 독특한 양식과 거대한 돔은 다른 나라의 건축에도 지대한 영향을 주었고, 미국 국회의사당의 돔 형태를 설계하는 데도 영향을 주었습니다. 하지만 세인트 폴 대성당은 다른 유럽 국가들의 바로크 양식과 달리 화려하긴 하지만 상대적으로 장식이 절제된 것이 특징입니다. 유럽의 대륙 국가 특히, 프랑스와 이탈리아의 경우 바로크 양식은 회화, 조각, 공간이 일체화된 화려함을 보여 주고 있으니 다른 유럽 국가를 가시면 이를 유념하시고 바로크 양식의 건물을 보세요.

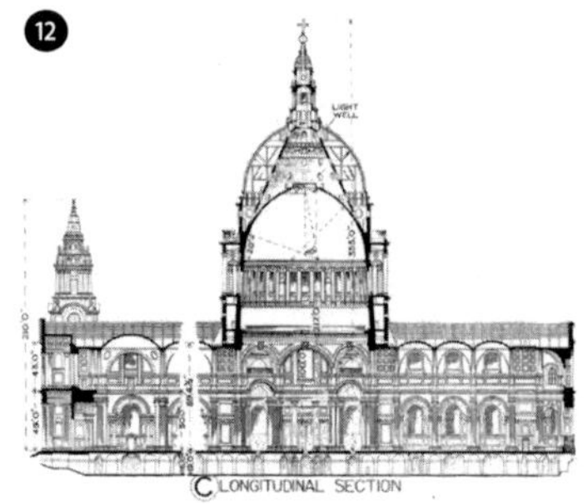

왕립위원회에 승인받은 고딕 양식 (가짜) 설계도(좌), 렌이 실제 공사에 사용한 바로크 양식 설계도(우)

성당 내부는 호화스러운 장식으로 그린링 기번스(Grinling Gibbons, 1648~1721)라는 목세공이 장식을 담당했고, 제임스 손힐 경(Sir James Thornhill, 1676~1734)이 돔에 프레스코와 모자이크로 된 벽화로 마무리했습니다. 성당에서 256계단을 오르면 만날 수 있는 '위스퍼 갤러리'라는 내측의 회랑은 소리 파동에 의해서 원형의 벽을 타고 작은 소리도 전하기 때문에 '속삭임의 회랑'이라고 합니다. 여기에서 다시 119계단을 올라가면 시내가 시원하게 내려다보이는 '스톤 갤러리'가 나오구요, 여기에서 또다시 152계단을 오르면 돔의 맨 꼭대기인 '골든 갤러리'에 오를 수 있습니다. 또한, 지하로 내려가면 납골당이 있는데, 이곳에는 이 성당의 설계자인 크리스토퍼 렌을 비롯하여 넬슨 제독, 웰링턴 장군 등 영국을 빛낸 유명 인사 200여 명의 묘가 있지요.

이런 역사적인 건물이 독일군의 폭격에도 거뜬히 살아남았다면서요?

11. https://commons.wikimedia.org/wiki/File:74_-_AS_II.13._S_elevation.jpg
12. http://architectureassociate.blogspot.com/2013/07/st-pauls-cathedral.html

네, 제2차 세계 대전 중에 독일군에 의한 런던 대공습이 일 년 동안 있었습니다. 놀랍게도 세인트 폴 대성당은 그 수많은 공습 중에도 전혀 파괴되지 않고 남아 있어 기적의 성당으로도 불립니다. 영국 본토 항공전이 격화되어 런던 대공습이 시작된 지 114일째가 되던 1940년 12월 29일, 독일 공군의 폭격은 세인트 폴 대성당을 향해 그 주변에만 29발의 폭탄이 떨어졌습니다. 이 중 단 한 발이 대성당의 돔을 뚫고 떨어졌지만, 다행히 터지지 않았기 때문에 소방대가 목숨을 걸고 그 불발탄을 치우는 데 성공했다고 합니다. 주변 건물들이 폭격으로 무너져 화염에 휩싸였지만 대성당만이 굳건히 버텼는데, 이를 본 런던 시민들에 의해 단순한 명소를 뛰어넘어 대공습에도 무너지지 않는 영국인 불굴의 의지를 상징하게 되었습니다.

물론 일설에는 독일 공군이 폐허가 된 런던에서 방향 식별을 위해 큰 십자가 모양인 세인트 폴 대성당을 좌표로 삼았기 때문에 무사했다는 설도 있는데요, 아무튼 대공습에도 살아남아 영국인들에게 희망을 주고 전쟁을 승리로 이끌게 하는 원동력이 되었습니다.

13. https://commons.wikimedia.org/wiki/File:Air_Raid_Damage_in_Britain_during_the_Second_World_War_HU36220.jpg

아, 정말 이 유서 깊은 세인트 폴 대성당이 파괴되었으면 인류의 귀중한 문화자산이 없어지는 비극을 맞이할 뻔했네요. 그래서 세인트 폴 대성당이 영국인들에게 희망이 되었다는 것도 흥미롭구요.

세인트 폴 대성당은 대중 매체에서 밥 먹듯이 등장하는 런던 대표 건축물이기도 한데요, 영국의 유명한 드라마 〈닥터 후 시즌 8〉에서 돔의 지붕이 열리면서 빌런들이 튀어나오고, 영화 〈메리 포핀스〉에도 등장합니다. 또 최근 영화 〈런던 해즈 폴른(London Has Fallen, 2018)〉에서도 파괴당하는 등 여러 영화나 드라마 작품에서 자주 등장하지요. 어쨌든 성당은 대공습에도 불구하고 살아남았지만, 성당 주변은 그야말로 초토화가 되었습니다. 그 이야기는 다음 주제에서 말씀드리도록 하겠습니다.

왜 미래의 런던에 세인트 폴 대성당이 중요하냐? 그건 미래의 런던에도 세인트 폴 대성당은 그대로 있을 것이기 때문입니다. 세인트 폴 대성당은 영국인들의 정신적 지주 같은 곳입니다. '무슨 일이 있어도 이곳은 사수해야 한다'는 정신 말입니다. 그래서 제2차 세계 대전 때도 목숨 바쳐서 사수했고, 20세기에 들어서면서 마천루들이 많이 지어졌지만 새 건물을 지을 때 세인트 폴 대성당만큼은 보이게 지어야 한다는 '세인트 폴 보호경관(Saint Paul protected view)'이라는 건축법안이 나올 정도로 영국에서는 중요한 곳입니다. 다이애나비와 찰스 왕세자가 결혼식을 올렸던 곳이기도 하고, 엘리자베스 여왕의 골든, 다이아몬드 주빌리, 그리고 얼마 전 있었던 그렌펠타워의 희생자를 위한 추모 예배가 있기도 했습니다. 아마 이번 코로나가 끝나면 그들을 위한 추모 예배도 이곳에서 열리지 않을까 예상해 봅니다.

또 다른 이유로는 이렇게 클래식한 잉글리시 바로크의 대표작이지만, 내부에 들어가 보면 첨단 현대 기술이 지금도 접목되고 있고, 내부 디자인도 크리스토퍼 렌의 처음 디자인 위에 계속 입혀지고 있습니다. 특히 비디오 아티스트 빌 비올라(Bill Viola)의 작품이 제단 양쪽으로 자리 잡고 있는데, 미국인 아티스트이자 우리에게 너무도 유명한 백남준 선생님의 제자이지요. 또한, 현대 미술 조각가 헨리 무어(Henry Moor)가 피에타를 재해석한 '성 모자 (Mother and Child)'라는 작품과 게리 유다(Gerry Judah)의 '제1차 세계 대전(World War I)'이라는 작품 등의 현대 예술 작품들도 조화롭게 전시되어 있습니다. 클래식 작품으로만 가득 차야 할 것 같은 옛날 건물이 아니라 현재도 그리고 미래에도 계속 영국인들과 함께 나아가야 할 그런 살아있는 영혼이기 때문입니다.

빌 비올라의 비디오 아트 마리아(Mary)
젖을 물리고 있는 비구니의 모습과 도시의 배경이 다소 충격적이다.

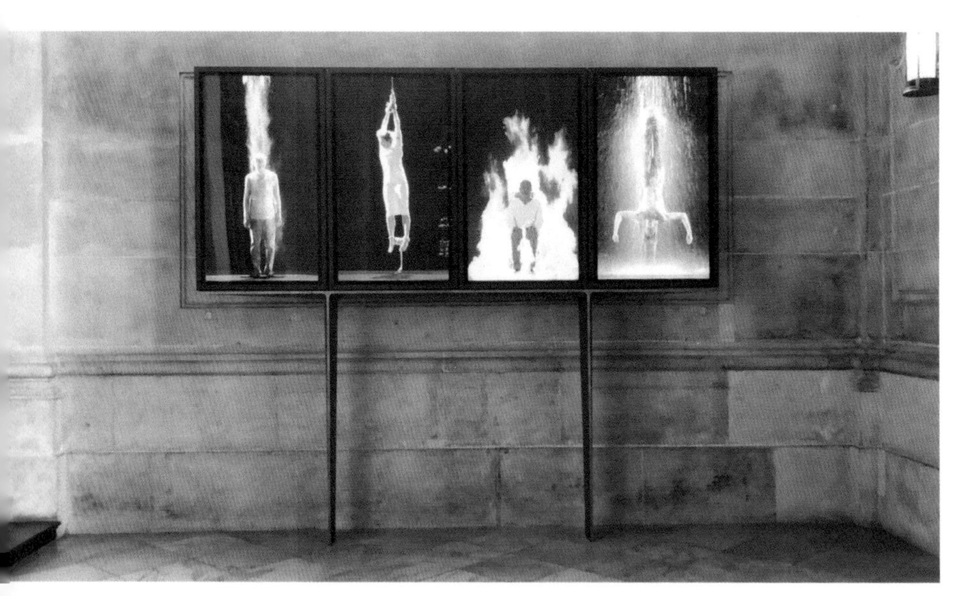

빌 비올라의 순교자들(Mayters)
세상을 구성하는 5원소 설을 모티브로 창작되었다(흙, 바람, 불, 물, 에테르).

헨리 무어의 성모자(Mother and Child)
피에타상 같기도 하고 자궁 속에 들어 있는 태아 같기도 한 작품으로 "만져보시오"라고 적힌 문구가 이색적이다. 보드라운 감촉이 어릴 때 안아주던 엄마의 품을 느끼게 한다.

게리 유다의 제1차 세계 대전
이 작품은 과거의 전쟁뿐 아니라 현재도 진행 중인 종교로 인한 전쟁을 암시하는 듯하다.

인물

크리스토퍼 렌(Christopher Wren, 1632~1723)

영국의 17세기 천재적인 건축가 크리스토퍼 렌은 처음에는 수학자이자 천문학자인 과학자였다. 동시대의 천재 과학자 뉴턴도 그를 과학자로 높이 평가한 일은 유명하다. 1657년 런던의 그레셤 칼리지, 1661년 옥스퍼드대학의 천문학 교수가 되었으나 1663년에 건축가로 방향을 바꾸었다.

1665~1666년 9개월 동안 파리에 머물며 파리의 건축물을 보면서 독학으로

14. https://commons.wikimedia.org/wiki/File:Christopher_Wren_by_Godfrey_Kneller_1711.jpg

건축을 배웠다. 아무리 천재라도 시대를 잘 타고 나야 하는 법. 1666년에 런던 대화재가 일어나자 곧바로 런던 재건 계획을 국왕에게 제출했다. 비록 이 계획은 받아들여지지 않았으나, 이를 계기로 1667년 대화재 부흥 활동의 한 감독관으로 임명되었고, 1669년에는 왕실 건설청의 건설 총감이 되었다. 세인트 폴 대성당을 비롯한 50여 개 교구 성당, 햄튼 코트 궁전 신관 등 많은 건물을 건축했다.

세인트 폴 대성당을 지을 때 크리스토퍼 렌은 프랑스, 이탈리아의 건축 양식을 면밀히 연구하여 둥근 돔과 그 아래 기둥을 세워 지었다. 그래서 영국에서는 좀처럼 보기 힘든 돔 건축의 귀중한 유산으로 남았다. 돔의 꼭대기에는 십자가와 황금 공이 있다. 돔까지의 높이는 110m이며 돔의 직경은 34m에 달한다. 돔 주변의 그림은 사도 바울의 생애를 그린 것으로 돔 바깥쪽 8명의 예언자 그림과 함께 어우러져 장관을 연출한다. 벽화는 모자이크로 되어 있고, 천장화는 눈이 부실 정도로 아름답다. 성당 내부에 들어선 사람들은 그 웅장한 규모와 정교한 장식에 눈길을 빼앗긴다.

Place 08.

이것은 냉각기인가 예술품인가

Paternoster Vents

♬ Celtic Woman
- Pie Jesu

앞서 제가 시티 오브 런던의 가장 상징적인 건물 세인트 폴 대성당을 소개해 드렸는데요, 이번에는 세인트 폴 대성당의 바로 옆에 있는 파터노스터 광장을 소개해 드릴게요.

그럼, 여기는 성당과 관련된 종교적인 곳인가요?

일단 파터노스터란 말은 여러 뜻이 있습니다. 묵주를 만든 사람의 이름에서 왔다는 설, 묵주란 성모마리아가 가지고 있는 불교의 염주와 비슷하게 생긴 로사리오의 기도를 위한 기도 도구입니다. 또한, 묵주기도에서 한 사이클을 뜻하는 말이기도 하구요. 그리고 승객용 엘리베이터라는 설도 있는데, 한 개의 엘리베이터가 아닌 대관람차처럼 여러 개가 돌아가는 엘리베이터를 파터노스터라 부릅니다.

이곳은 종교와 전혀 관련이 없는 것은 아니지만, 런던의 중심으로서 다른 기능을 수행하게 됩니다. 세인트 폴 대성당은 이토록 상징적인 대성당이기에 이를 중심으로 금융, 상업 지구가 발전하게 되었습니다. 또한, 성당 중심으로 런던 출판협회, 증권 거래소 등의 각종 거래소 등이 들어서면서 파터노스터 광장(Paternoster Square)을 형성하게 되었습니다.

하지만 이 파터노스터 광장은 큰 시련을 겪는데, 바로 제2차 세계 대전이 발발하면서 거센 독일의 폭격을 정면으로 맞은 것이죠. 1940년 12월 29일 독일군의 융단 폭격에 파터노스터 광장에 위치한 대부분의 빌딩, 사무실, 가정집, 출판사들이 모두 불타 없어지게 되었습니다. 사전으로 유명한 롱맨과 콜린스의 본사도 이때 파괴되었습니다. 그런데 기적적으로 세인트 폴 대성당만이 폭격을 피해 살아남았고, 런더너들은 '기적', '하느님의 은혜', '영국의 의지'라 하며 대성당을 더욱 칭송하게 되었다는 말은 이미 세인트 폴 대성당 편에서 설명해 드린 바 있습니다.

그럴 만도 하겠네요. 그 공습 중에 대성당만이 살아남았으니… 그래서 그 이후에는 어떻게 되었지요?

전쟁 이후 1960년대, 1980년대 두 차례에 걸쳐 런던시는 파터노스터 광장을 재건하고 리모델링해 런던 주식 거래소, 골드만 삭스, 노무라 등 세계 최대의 금융 회사를 유치해 상권을 부활시키는 데 성공하게 됩니다.

그런데 재건된 광장에 유일한 문제가 있었다면, 입주한 사무실들을 위한 전기 변전기, 근처 지하철용 변전소 등 시설을 모두 광장 지하에 넣어 발생하는 열이 상당했고 사고의 위험도 높았습니다. 이를 해결하기 위해 지하 공기를 냉각하는 거대한 열 교환기가 필요했고, 이를 광장 지상에 설치해 놓으니 미관상으로도 좋지 않고 시민들의 통행에도 방해가 되었습니다. 이에 런던시는 2000년에 헤더윅 스튜디오에 의뢰해서 2년간 작업을 통해 새로운 형태의 열 교환기를 만들게 됩니다.

파터노스터 광장 열 교환기

헤더윅 스튜디오는 아까 말씀하신 토마스 헤더윅을 말하는 건가요?

네, 헤더윅 스튜디오는 토마스 헤더윅이 자신만의 디자인 아이디어를 구체화하기 위하여 1994년에 설립한 회사입니다. 헤더윅은 어떻게 하면 전기 시설의 열을 효율적으로 냉각시킬 수 있으면서 교환기 자체의 크기도 줄이고, 미학적으로도 광장의 모습을 해치지 않을 수 있을까 고민했습니다. 이때 헤더윅은 과거 대학 시절 손으로 접어 만들었던 환풍구 디자인 습작을 떠올리고 엔지니어들과 상의해 이를 발전시켜 적용하게 됩니다.

기존 열 교환기의 작동법을 공부하고, 지하로 내릴 수 있는 부분은 다 내리고 지상에는 환풍구만 남기되 열 발산의 면적을 넓히기 위해 금속부의 면을 접으며 빙빙 꼬이는 스파이럴 구조를 적용한 것입니다. 이렇게 하면 표면적을 최대한 넓힐 수 있었고 결과적으로 기존 열 교환기에 비해 획기적으로 사이즈를 줄일 수 있게 되어 보행자의 공간을 확보하면서도 아름다운 대칭 구조로 광장의 모습과 조화를 이루는 아름다운 작품이 탄생하게 된 것입니다. 그래서 사람들은 이것을 냉각기가 아니라 천사의 날개(Angel's wings)라고 부르고 있습니다. 날개의 한쪽에서는 더운 공기가 배출되고 다른 날개에서는 찬 공기가 들어가는 것입니다. 이렇게 토마스 헤더윅은 세상을 변화시키는 발상으로 런던을 더욱 창조적인 도시로 만들고 있습니다. 파터노스터 광장 앞에 세워진 8.4m 높이의 철제 구조물 두 개는 이제 '천사의 날개'가 되어 런더너들에게 기능적으로도 미적으로도 만족감을 주는 공공 디자인이 되었습니다.

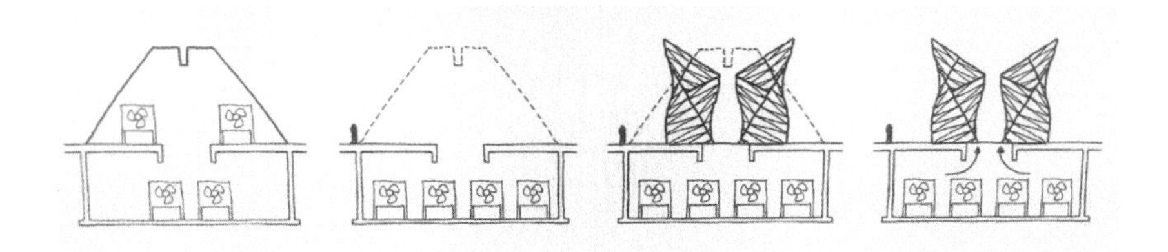

파터노스터 광장 열 교환기 설계도
왼쪽은 원래 모습으로 많은 지상 공간을 차지하고 있다.
오른쪽은 차지하는 지상 공간은 최소화하면서 열효율을 높이는 디자인이다.

토마스 헤더윅은 건축가 아니었나요?

토마스 헤더윅은 건축가이기도 하지만 보다 엄밀하게 말하면 디자이너입니다. 그것도 보통 디자인이 아니라 공공에 이로운 디자인을 하는 것으로 유명합니다. 그래서 보통 건축가적 디자이너라고 부르기도 합니다. 실제로 헤더윅의 작업 중에는 공공 디자인 프로젝트가 많습니다.

앞에서도 설명해 드린 바와 같이 헤더윅은 런던의 이층 버스를 디자인한 디자이너로 유명하지요. 그것 말고도 프랑스 가방 브랜드인 롱샹(Longchamp)의 가방을 디자인하기도 했구요. 그래서 롱샹의 뉴욕 플래그십 스토어의 실내 인테리어를 디자인하기도 했습니다. 그 외에도 의자를 비롯한 수많은 생활용품의 디자인을 하기도 했습니다. 한마디로 과학자의 호기심과 예술가의 감성을 가진 천재적인 디자이너라고 할 수 있습니다. 그래서 사람들은 그를 '영국의 레오나르도 다빈치'라고 부르는 거지요.

Place 09.

런던 속의 진짜 런던

City of London

♬ London Boys
- London Nights

(빨간바지 춤추며 등장)

안녕하세요. 빨간바지 님, 부끄럽게 여기서 왜 이러시나요?

제 자랑 같지만 제가 한때 춤꾼이었습니다. 못 믿으실 거 같아 이렇게 증거를…

그럼 춤 솜씨 좀 더 보여 주실 수 있나요?

저도 그러고 싶지만 나중에 끝나고 같이 클럽 가시면 보여 드리기로 하겠습니다. 런던 하면 또 클럽의 도시, EDM의 메카 아닙니까. 특히 파이어(Fire)라는 클럽은 K팝 나이트로 유명하지요.

그럼 이제 클럽 가는 건가요? 공부 더 안 하구요? 옷 갈아입고, 화장 고치고 와야겠네요.

아니, 지금 말고요. 사실 제가 좀 전에 영국의 댄스 그룹 런던 보이스의 'London Nights'라는 곡에 맞추어 춤을 추었는데요, 런던 보이스는 1980년대 후반에서 1990년대 초반까지 전 세계 나이트클럽을 휩쓸던 댄스 그룹이었지요. 그들의 대표곡 'Harlem Desire'나 이 곡 'London Nights'는 그 당시 젊은이 중에선 모르는 사람이 없었으니까요. 아무튼 런던 보이스의 노래 'London Nights'에도 나오지만, 런던의 밤을 환하게 밝혀주는 지역이 바로 시티 오브 런던입니다.

그렇군요. 그럼 시티 오브 런던이라는 곳을 자세히 설명해 주세요.

시티 오브 런던은 여기서는 간단하게 시티(City)라고 불립니다. 세계 최초로 'City'라 불린 곳으로 지금은 카나리 워프와 함께 영국의 대표적인 금융가가 되었습니다. BC 43년 로마 제국의 시저가 영국을 침공한 이후 로마인들은 템스강 가에 있던 이곳에 로마식 성벽을 짓고 '론디니움'이라 이름 짓고 이곳을 중심으로 브리태니아 속주를 다스리기 시작했습니다. 즉, 영국의 시작은 바로 이곳 시티 오브 런던이었던 것입니다. 초기 성벽에는 5개의 성문 (Ludgate, Newgate, Cripplegate, Bishopgate, Aldgate)이 있었고, 이후 성문 2개가 추가(Aldergate, Mooregate)되면서 총 7개의 성문을 갖추게 됩니다. 물론 지금은 대부분 남아있지 않고 지역 이름이나 지하철역 이름으로만 남아 있습니다. 조선시대 수도 한양에도 원래 4대문과 4소문을 합쳐서 8개의 대문이 있었던 것과 비슷하지요.

처음엔 작은 지역이었던 이곳 시티 오브 런던이 점점 성장하여 오늘날 영국을 만든 것이라고 해도 과언이 아니지요. 그러던 중 1215년 '마그나 카르타(대헌장)'에 명시된 전통으로 시티 오브 런던은 지리적으로 런던시 안에 위치하나 독자적인 자치 도시로서의 지위를 가지게 됩니다. 때문에 시티 오브 런던의 시장이 따로 존재하며 경제적, 정치적인 자치권을 가지고 있지요. 영국 여왕조차 마음대로 들어갈 수 없고, 시티 오브 런던 자치구의 시장에게 형식적으로나마 허락을 구하여야만 방문이 가능합니다. 런던 경찰과 경찰력도 분리되어 있어 시티 오브 런던 사설 경찰 800여 명이 런던시의 경찰력을 대신하고 있습니다. 소방서도 사설이며, 시티 오브 런던과 런던 경계 지역에는 용 두 마리가 그려진 시티 문장이 건물과 거리 곳곳에 새겨져 있어 경계 표시 같은 역할을 합니다.

그럼 시티 오브 런던은 런던과는 별개인 곳인가요?

시티 오브 런던은 런던 안에 있기는 하지만, 런던시와는 독립적인 별도의 자치구입니다. 예전에 지어진 로마 성벽은 일부를 제외하고 거의 사라져 지금은 경계를 찾기 어렵지만, 시티 오브 런던의 경계에는 빨간 십자가와 용이 그려진 상징 로고를 볼 수 있습니다.

시티 오브 런던 로고(이미지 구매할 예정)

거리를 지나다가 이 빨간 십자가가 그려진 상징 로고를 만나면 '아 이제 시티 오브 런던에 들어왔구나'하고 생각하시면 됩니다. 로고 안에는 'DOMINE DIRIGE NOS'라는 라틴어 문구가 새겨져 있는데 '주여, 우리를 인도하소서'라는 뜻입니다. 우리가 아는 영국의 수도 런던은 '그레이터 런던(Greater London)'인데요, 그레이터 런던은 총 32개 구로 구성되어 있는데 이 '시티 오브 런던'은 런던에 소속된 구가 아닙니다. 시티 오브 런던은 '스퀘어 마일(Square Mile)'이란 별명을 갖고 있기도 한데요, 겨우 1평방마일(약 2.59㎢) 밖에 안 되는 템스강에서 런던 성벽까지의 작은 구역이기 때문입니다.

시티 오브 런던이 자치권을 행사한다는 의미는 지역 내에서 받은 세금을 독자적으로 사용할 수 있다는 것입니다. 거주 인구가 7천 명밖에 되지 않는 이 작은 구역이 현재는 세계 금융과 비즈니스의 중심지이기도 하지요. 시티 안에는 1만 개가 넘는 회사가 있으며 매일 50만 명이 출퇴근하고 있다고 합니다. 시티 오브 런던의 세수가 서울시 전체의 10배에 달한다고 하니 그 규모를 알 수 있으시겠지요. 시티 오브 런던에 있는 회사는 런던의 국세청에서 세무 조사나 업무 수색 등을 할 수 없어서 탈세에 악용하는 경우가 많고, 많은 회사가 이곳으로 이전하게 된 이유이기도 합니다. 치외법권 지역으로 알려져 있으나 실제 치외법권까지는 아니고요. 이곳이 오리지널 런던이고, 버킹엄 궁전, 국회 등이 있는 다른 런던 내 자치구들은 원래 런던이 아니라 별도의 자치 행정 구역 소속이었습니다. 과거부터 시티 오브 런던 인근의 지역까지 그냥 비공식적으로 '런던'이라 부르는 관행이 있었고 이 지역을 통합 관리하고 행정권역이 점점 커지며 지금의 런던, 즉 광역 런던(Greater London)이 형성된 것입니다.

시티 오브 런던 지도

이곳에 현재 런던증권 거래소가 있어 뉴욕과 함께 쌍두마차로 세계 경제와 금융 시장의 핵으로 여겨지고 있습니다. 시티 지역의 메인 지하철역 '뱅크(Bank)' 역에서도 알 수 있듯이 이 지역이 뭐 하는 곳인지 문자 그대로 확인할 수 있습니다. 400여 개의 각국의 은행, 보험, 투자 회사 등이 모여 세계 최대의 외환 거래가 일어나는 곳입니다. 또한, 회사채 인수 등의 장기 자금 조달 규모는 맨해튼 월스트리트에 이어 세계 2위 규모이며 이곳에서 얻는 수입, 즉 외국 금융 기관들이 내는 법인 영업세와 외국인 근무자들이 납부하는 개인 소득세로 얻는 수입이 영국 북해유전의 수입보다 70배 많다고 합니다. 이 때문에 경제적인 위치가 영국 전체를 통틀어도 독보적입니다. 그래서 시티 오브 런던 시장의 의전 순위가 영국 여왕 다음으로 높아지게 된 이유이기도 합니다. 영국 중앙은행인 영란은행(Bank of England)을 비롯한 로이드 뱅킹, 프루덴셜, 스텐다드차타드, 아비바 같은 대형 금융 회사와 로펌, 컨설팅 회사가 빼곡히 들어서 있어서 정말 영국뿐만 아니라 세계 금융의 심장이라 할 수 있지요.

정말 대단하네요. 런던 안에 다른 도시가 있는 거네요. 마치 로마 안에 바티칸이 있는 것처럼요.

네, 거의 그렇다고 봐야 하지요. 시티 오브 런던의 정책 의장(Policy Chairman)은 시티의 설립 역사부터 보면 중세 유럽 이후 유럽 왕실에 자금을 댔던 거대 상인들이 자치권을 사들임으로 시작한 지역이기 때문에 상업이나 은행 길드들을 중심으로 운영되는 거대한 기업 연합체와 같은 도시라고 했습니다. 시티 오브 런던의 목표는 현재 런던의 금융 허브 기능을 세계에 알려 더 많은 고객사를 유치하고, 브렉시트의 불안함을 잠재울 여러 기업 혜택으로 금융사들을 잡아두는 것이라고 합니다. 도시 전체를 거대한 사무실처럼 운영 관리하기 때문에 제곱미터 단위로 청소하고, 전기를 제공하고, 도시 미관과 질서에 많은 투자를 기울인다고 합니다.

그럼 시티 오브 런던의 시청이 별도로 있나요?

시티 오브 런던 내에 길드홀이 있는데요, 이곳은 과거 상인들의 동업자조합인 길드의 연합본부로 이곳이 시청 역할을 합니다. 12세기에 자치권을 획득한 이후로 이 시티 오브 런던의 행정적인 업무를 담당하는 시 청사 및 자치구 의회의 의사당 역할을 해 오고 있는 곳입니다. 현재 약 110여 개의 길드가 가입되어 있는데요, 가장 오래되고 힘 있는 조직들은 바로 양복쟁이(Taylor), 포목 장수(Mercer), 금세공인(Goldsmith) 그리고 식료품 업자(Grocer)들입니다. 이 4군데를 일컬어서 4대 길드(livery companies)라고 부릅니다. 이 4곳이 세인트 폴 대성당 재건 비용을 대기도 했으니 그 파워를 짐작할 수 있을 것 같습니다. 이곳의 110개 길드 중에 제가 좋아하는 길드는 뭐니 뭐니 해도 투어 가이드 길드죠. 가이드 길드가 따로 있을 정도로 영국 투어리즘의 역사는 깁니다. 아무튼 이 길드 연합의 장이 시장(Lord Mayor)의 역할을 하고 있으며, 임기는 1년이라고 합니다(2021년 현재 윌리엄 러셀 William Russel이 시티 오브 런던의 수장직을 맡고 있고, 런던 광역 시장 사디크 칸과는 역할이 다르다). 급여가 없는 명예직이기는 하나, 영국의 여왕도 이곳을 방문하기 위해서는 시티 오브 런던 시장의 허가를 받아야 한다고 할 정도로 파워를 가지고 있습니다.

Place 10.

환골탈태한 런던의 스카이라인

New Skyline in London

♬ 반지의 제왕 1 OST
- The Black Rider

이번에는 런던의 스카이라인에 대하여 설명해 드리고자 합니다.

네, 런던의 스카이라인이 다른 대도시와 비교해서 다른 점이 있나요?

네, 런던은 이천년이나 된 고도이지만 과거와 현재가 잘 어우러진 스카이라인을 가지고 있어요. 그리고 무엇보다 런던에서 1666년에 대화재가 발생하여 런던 시내의 80%가 파괴되는 엄청난 불행을 겪은 적이 있는데요, 그 이후 런던의 모습은 완전히 달라졌고 항상 새로움을 추구하는 전통이 남아있게 된 것이지요.

1666년 대화재가 있었군요. 얼마나 큰 화재였나요?

1666년 런던 대화재는 영국 역사상 가장 큰 화재 사건이었습니다. 이 화재 사건을 설명하기 전에 잠시 역사적인 배경을 먼저 설명해 드리는 게 이해하시는 데 도움이 되실 듯하네요. 1666년 당시 런던은 호국 경(Lord Protector) 올리버 크롬웰에 의한 공포 정치가 끝나고 크롬웰에 의해 처형된 찰스 1세의 아들 찰스 2세가 다시 복귀하여 왕이 되어 통치하던 시기였습니다. 그 바로 전 해인 1665년에는 흑사병이 돌아서 많은 사람이 희생되기도 하였고요. 1660년대 런던은 인구 약 50만 명으로 그 당시 서양에서는 가장 큰 도시에 속하였지요. 그중 8만 명이 무역과 상업의 중심지였던 성벽 안의 더 시티에 살고 있었습니다. 하지만 도시는 무계획적으로 지어져서 중세의 구불구불한 길들 위에 볏짚으로 지어진 6~7층의 집들 안에 폭증한 인구가 불결하게 살고 있었습니다. 그래서 귀족들은 더 시티를 벗어나 왕실이 자리 잡고 있던 웨스트민스터나 널찍하게 살 수 있는 지방으로 이주해서 살기 시작했습니다.

성벽 안의 주거지들은 양조장, 대장간, 유리 제조소 등 화재의 위험이 큰 작업소와 공존하고 있었지요. 주로 1층은 작업실이나 상점으로 쓰이고 2층부터 거주지였는데, 1층의 너비에 따라 세금이 결정되었기 때문에 1층은 좁고, 올라가면서 넓어지는 기형적인 구조로 지어졌습니다. 쉽게 생각해서 발코니 확장 공사를 너도나도 했던 것이라 보면 되겠네요. 이런 현상을 제티(Jetty)라고 했는데, 아직도 지방에 가면 이런 제티 건물들이 남아 있습니다.

이렇게 나무와 종이로 만든 집들과 불에 쉽게 타는 물건 창고들이 즐비했던 강가에도 화재의 위험은 만연했습니다. 그전에도 크고 작은 불들이 있었지만, 런던은 방심했고 아무런 조치도 취하지 않았습니다. 그러던 중에 1666년 9월 2일 자정이 조금 넘은 시각에 푸딩 레인의 왕실에 빵을 납품하는 베이커리에서 불이 났습니다. 오븐에 남아있던 불씨가 과열되어 주변의 목재에 옮겨 붙으면서 대화재가 시작되었습니다. 유난히 길고 뜨거웠던 여름 후에 시작된 가을의 건조한 날씨로 인해 볏짚과 목재에 불이 옮겨 붙었습니다. 그리고 때마침 불어온 동풍으로 그 주변의 창고와 가게들로 순식간에 번지게 되었습니다.

그때는 소방서도 소방관도 없었을 텐데 어떻게 화재 진압을 했나요?

맞습니다. 그 당시에는 소방관도 없고 장비도 없었기에, 강에서 물을 퍼다 뿌리거나 건물을 무너뜨려 가연성 물질을 없애는 방법밖에 없었지요. 그런데 불길이 점점 강가의 판잣집과 창고들로 향하고 있는 와중에 화재 현장으로 나온 시장은 건물들을 무너뜨리면 나중에 다시 지을 때 누가 비용을 부담할 것인가에 대한 걱정으로 결정하지 못한 채 자리를 떠 버렸고 그러면서 골든타임을 놓치게 되었습니다. 불은 4일 동안이나 타올라서 세인트 폴 대성당도 무너지고 87개의 교회, 13,200채의 가옥과 상점들, 길드홀을 포함한 44개의 길드 사무소, 네 개의 성문이 모두 다 불에 타버렸습니다. 더 시티의 80%가 재가 되고, 20만 명이 이재민이 되었습니다. 재가 된 도시는 어디가 어디인지 구분할 수 없었고, 분수대에 남아있는 물은 아직도 끓고 있었고, 우물과 지하 감옥은 악마처럼 연기를 내뿜고 있었다고 합니다.

정말로 아비규환 그 자체였겠네요.

그나마 다행인 것은 이렇게 엄청난 화재가 발생했는데도 불구하고 인명 피해는 단 여덟 명이었고, 뜨거운 열기로 인해 병균들이 모두 죽고 살균되어 대화재 이후에 흑사병은 다시 나타나지 않았다고 합니다. 하지만 제티 집들은 다 타서 새로운 집을 지을 수밖에 없었습니다.

런던 대화재 기념탑

런던 대화재를 애도하고 기념하기 위해 지어진 대화재 기념탑(모뉴먼트)의 높이는 불이 시작된 푸딩 레인의 빵집에서의 거리와 같은 62m입니다. 고대 로마 제국의 기둥 스타일로 지어진 모뉴먼트는 세계에서 가장 높은 고립된 돌기둥입니다. 이 대화재 이후에 런던의 모습은 환골탈태하게 됩니다. 이때 등장한 사람이 앞서 소개해 드렸던 천재 건축가 크리스토퍼 렌이지요. 그는 대화재 이후에 53개의 교회를 지어 런던의 스카이라인을 바꾼 원조라고 할 수 있습니다.

크리스토퍼 렌은 워낙 자주 들어서 웬만한 교회는 거의 다 이분이 지으신 거 같은 느낌이 들어요.

맞습니다. 런던 시내의 웬만한 교회는 이분이 지었다 해도 과언이 아닌 데다가 이후 당대 최고의 건축가들도 그의 제자들인 이른바 '렌 키즈'들이라고 봐도 됩니다. 크리스토퍼 렌 이후에 런던은 대영 제국의 수도로서 크게 발전했는데, 특히 빅토리아 여왕 시절에 많은 빅토리아 양식의 건물들이 들어섰습니다.

그럼 빅토리아 여왕 시절 이후에 본격적으로 스카이라인이 형성된 건가요?

빅토리아 여왕의 전성기였던 1880~1890년대만 해도 런던에서는 10층 이상 된 고층 빌딩을 찾아보기 어려웠습니다. 그 이유는 당시 소방차 사다리의 최대 높이는 10층이었는데, 10층 이상의 건축물에 화재가 발생했을 때 효과적인 진압이 어렵다고 건축 허가를 내 주지 않았기 때문이었습니다. 하지만 1930년대 뉴욕이 고층 빌딩, 마천루로 세계적인 관광 명소가 되며 상황은 바뀌기 시작했습니다. 미국의 고층 빌딩에 자극을 받은 런던의 건축가들이 자신들 빌딩의 상층부는 사무실이나 거주 공간이 아닌 사람이 지내지 않는 공간이기 때문에 화재가 발생해도 괜찮다고 변명하며 야금야금 층수를 올리기 시작한 것입니다.

고층 빌딩에 대한 수요가 증가했음에도 불구하고 1938년 런던시와 건축가들 사이에 또 다른 협약이 발효되는데, 런던과 성공회를 상징하는 건물인 세인트 폴 대성당이 런던 대부분에서 보일 수 있도록 시야를 제한하는 건물을 지어서는 안 된다는 건축법인 '세인트 폴 조망권(St. Paul's Protected Views)'이 제정되었습니다.

총 7개의 관측지(Viewing Corridor)에서 대성당이 보여야 하며, 이 중 가장 먼 거리에 있는 리치몬드 공원에서도 시야 제한 없이 대성당의 돔이 보여야 한다는 조건이 있었습니다. 이 유래가 재미있는데, 재혼한 왕비와 갈등이 심했던 헨리 8세가 리치몬드 별궁에서 지내며 왕비가 처형되었는지의 신호를 기다렸다고 합니다. 처형된 신호를 불빛으로 세인트 폴 대성당에서 보내오기로 하였기에, 그 불빛 신호를 보려고 매일 목 빠지게 바라본 일화에서 유래되었다고 합니다.

세인트 폴 조망권

세인트 폴 조망권

세인트 폴 조망권

1930년대 발효된 세인트 폴 조망권 때문에 세계적인 대도시치고는 드물게 런던에는 1963년까지 변변한 고층 빌딩 하나 없었습니다. 이는 좀 전에 말씀드린 바와 같이 세인트 폴 대성당의 높이 117m를 넘어갈 수 없었기 때문이었습니다. 그러던 중 1963년 처음으로 사무실, 레스토랑 등을 갖춘 밀뱅크 타워(Milbank Tower)가 118m 높이로 테이트 모던 옆쪽에 건설되며 최초의 마천루가 되었고, 이때부터 런던의 스카이라인이 변화하기 시작했습니다. 그리고 2000년대 초반, 켄 리빙스톤 런던 시장이 시야 제한 조건을 많이 완화시키면서 샤드(The Shard)와 같은 몇몇 빌딩이 예외 승인을 받아 지어짐으로써 스카이라인에 상당한 변화가 생겼고, 현재와 같은 스카이라인이 만들어졌습니다.

밀뱅크 타워

1966년 두 번째 마천루로 불릴 수 있는 건축물로 센터 포인트(Centre Point) 건물이 토트넘 코트 로드 주변에 건축되었습니다. 지금은 사무실, 카페, 레스토랑, 극장이 입주해 있는데, 당시 고층 빌딩에 익숙하지 않았던 런던 시민들에게 "못생겼다", "주변 경관과 어울리지 않는다"라는 평을 많이 받았다고 합니다. 하지만 밀뱅크 타워와 같이 미국식 성냥 박스 모양의 고층 빌딩이 아닌 영국식의 유연하면서 정형화되지 않은 스타일의 고층 빌딩 건축 양식을 정립했다는 데 의의가 있습니다.

1980년대에 이어 세인트 폴 보호 경관은 7곳의 관측지에서 보는 시야만 가리지 않으면 피해갈 수 있었으므로, 차츰차츰 초고층 빌딩을 더욱 많이 건설하게 됩니다. 235m의 타워 42(Tower 42)는 80년대의 가장 높은 빌딩 자리를 차지했는데, 이 빌딩을 건축할 때 런던 초고층 빌딩으로서는 처음으로 환

센터포인트 빌딩

경 공해가 적은 소재를 이용하고, 자연광 채광을 이용한 조명을 설치하는 등 현대식 최첨단의 혁신적인 기술을 도입했습니다. 이는 2000년대 현대에 건축된 런던 초고층 빌딩 디자인에 지대한 영향을 주는데, 정형화된 틀을 깨면서 자연과 더 공존할 수 있는 방향으로 런던 건축이 변화하게 되는 계기가 됩니다.

타워 42

드디어 1990년대, 2000년대 들어서면서부터 금융 중심가로 발전해 온 시티 오브 런던에도 수많은 초고층 빌딩이 생겨났는데, 시티 오브 런던의 고풍스러운 옛 은행 및 성당 건물들과 같이 숨 쉬며 과거와 현대가 공존하는 런던만의 독특한 스카이라인을 형성하게 되었습니다. 시티 오브 런던의 초고층 빌딩을 디자인한 대표적인 건축가로는 노만 포스터, 리차드 로저스 두 사람이 있습니다. 스티브 잡스와 함께 애플캠퍼스를 건축하기도 했고, 우리나라의 한국타이어 테크노 돔도 그의 작품이며, 우리 서울 시청의 모티브가 되었던 유리로 된 런던 시청도 그의 작품입니다. 리차드 로저스는 내부와 외부가 바뀐 누드 김밥 같은 미술과 퐁피두센터의 설계를 맡았었고, 스트라스부르 유럽 인권 재판소, 뉴욕 재비츠 컨벤션 센터, 밀레니엄 02 아레나 센터와 우리나라 여의도의 파크원이 그의 작품입니다. 둘의 작품은 굉장히 미래 지향적입니다. 농담 좀 보태서 우리 어릴 때 하던 말처럼, 건물에서 지구를 구하는 로보트 태권브이가 바로 출동할 것 같은 느낌입니다. 그와 함께 또 영국의 유명한 하이테크 건축가를 뽑자면 동대문디자인플라자 DDP를 설계한 자하 하디드가 있죠. 하디드와 로저스는 런던 건축학교(AA, Architectural Association School of Architecture) 동문이고, 로저스와 포스터는 Team 4를 만들어 같이 하이테크 건축을 이끌었죠. 바로 이 사람들이 미래의 런던을 눈에 보이고 손에 잡히게 하는 사람들입니다.

건축가로서 최고의 영예는 뭘까요? 바로 건축계의 노벨상이라 불리는 프리츠커상, 왕립 건축가 협회에서 최고의 건축물에 주는 RIBA 어워드 그리고 여왕으로부터 받는 귀족 작위겠죠. 이 두 명 모두 그랜드슬램을 달성했습니다. 노만 포스터의 작품으로는 오이를 닮았다 해 거킨(Gherkin)이라 불리는 30 Mary Axe, 윌리스 빌딩(Willis towers Watson)이 있고, 리차드 로저스의 작품으로는 모듈로 구성되어 부분부분 갈아 끼울 수 있는 로이즈 빌딩(Lloyd's building), 치즈 강판을 닮아서 유명한 치즈 그레이터(Cheese grater) 그리고 레든홀 빌딩(Leadenhall Building)이 있습니다.

1평방마일 거기서도 아주 협소한 중세의 세인트 앤드류 교회와 로마 시대 바실리카 레든홀 마켓 주위로 미래의 런던이 그려지는 이 현상이 정말로 멋지지 않나요? 과거와 미래가 공존하며 특히 라이벌끼리 선의의 경쟁같이 리차드가 로이즈 빌딩을 만들고, 포스터가 윌리스 빌딩을 설계하고, 포스터가 거킨을 세우고, 로저스가 다시 치즈 그레이터를 올리고 뭔가 컴피티션 같은 느낌적인 느낌입니다.

또한, 스카이라인 하면 시티 오브 런던과 더불어 1980년대 런던시와 영국 정부가 새로운 금융 중심지로서 개발한 카나리 워프를 빼놓을 수 없습니다. 우리나라 강남의 스카이라인과 여의도의 스카이라인이 있는 것처럼, 런던에도 두 개의 스카이라인이 있습니다. 카나리 워프는 잠시 후 방문 때 더 자세히 말씀드리기로 하고, 지금은 시티 오브 런던에 집중해 보겠습니다.

80년대 개발 초기 세인트 폴 조망축 등 고전 건축물들을 보존하는 다양한 규제 때문에 고층 빌딩 건축에 애를 먹었는데, 90년대 말부터 2000년대 초까지 규제가 많이 완화되면서 지금의 모습을 갖출 수 있었습니다. 자, 이제부터 한 건물씩 어떻게 미래를 그려나가는지 살펴보도록 하겠습니다.

현재 런던 스카이라인

가상 런던 스카이라인

Place 11.

바빌론 공중 정원의 재림

Sky Garden

♬ This Girl
- Kungs Vs Cookin' On 3 Burners

정말 로맨틱하지 않나요?

이 음악이요? 아니면 빨간바지 님이요?

런던에 우리가 지금 있다는 것 자체가요. 특히 런던의 스카이라인 속에서도 공중 정원이라 할 수 있는 '워키토키'라는 빌딩의 꼭대기에 있는 스카이 가든에서 런던을 보면 정말 즐겁습니다. 제가 스카이 가든을 예약해 두었으니 같이 들어가 보시죠.

아, 스카이 가든이라는 곳은 예약을 미리 해야 볼 수 있는 곳이군요?

런던 시내를 한눈에 바라볼 수 있는 방법에는 여러 가지가 있지만, 런던 아이

보다 인기 있는 '2대 전망대'가 있습니다. 바로 존2 부촌에 위치한 언덕인 프림로즈 힐과 존1 시티 오브 런던을 상징하는 고층 빌딩 '워키토키'에 위치한 스카이 가든입니다.

역사와 전통이 살아있고 볼거리가 가득한 런던의 풍광을 한눈에 담고 싶다면, 무조건 높은 곳으로 올라가는 것이 상책입니다. 런던의 절경을 볼 수 있는 높은 전망대는 여러 군데가 있지만 대부분 유료 전망대가 많지요. 하지만 베스트 뷰를 무료로 볼 수 있는 곳도 많습니다. 그 무료 전망대 중에서 최고는 역시 스카이 가든입니다!

* 스카이 가든 예약할 수 있는 홈페이지

무료 전망대라 인기가 많아 예약 사이트에서 예약을 해 두면, 예약된 시간에 맞춰 워키토키 빌딩 35~38층에 있는 스카이 가든에서 뭐 사 먹어야 되나 하는 눈치 볼 필요 없이 런던의 경치를 한눈에 볼 수 있습니다. 스카이 가든 예약은 영국 시간으로 매주 월요일 11시에 예약 창이 열리니 그때 하면 쉽게 예약할 수 있습니다.

워키토키 빌딩 내의 스카이 가든

그런데 이 스카이 가든이 있는 워키토키 빌딩도 생긴 모습이 범상치 않은데요? 이 건물에 대해서도 설명해 주세요.

워키토키 빌딩

물론이지요. 스카이 가든이 있는 이 워키토키 빌딩은 뉴욕을 배경으로 주로 활동하는 우루과이 출신 건축가인 라파엘 비놀리(Rafael Vinoly)의 작품으로, 160m에 달하는 시티 오브 런던의 대표적인 고층 빌딩입니다. 빌딩의 최상부로 향할수록 넓어지는 모습이 마치 무전기를 연상시킨다고 하여 워키토키라는 별명이 붙었습니다. 공식 이름인 '20 팬처치 스트릿(20 Fenchurch Street)'보다 오히려 워키토키라는 애칭으로 더 많이 불리고 있습니다. 빌딩 외곽이 온통 반짝이는 유리로 덮여 있어 심미적으로 아름다운데, 치명적인 단점으로 여름철만 되면 빌딩에서 반사된 빛이 너무 강렬하게 내리꽂혀 주변 건물의 온도를 높이는 문제가 있습니다. 건물이 위로 올라갈수록 넓어지면서 한쪽 면이 오목 거울이 되어 빛을 모으는 역할을 하게 된 것이지요. 그래서 실제로 2013년 9월에 건물 주위에 주차된 자동차의 지붕을 녹인 적도 있습니다. 지금은 빛 반사를 막는 판들을 설치해 어느 정도 해결한 모양이지만 건축가와 시공업체가 거센 비난을 받아 사과하기도 했지요. 그런데 오히려 이 일화로 인해서 더 유명한 빌딩이 되었습니다.

15. https://unsplash.com/photos/QhsCiYFmpnM

빛 반사를 막는 차양판을 설치한 모습

이 워키토키 빌딩을 설계한 라파엘 비놀리는 정말 아이코닉 건축의 장인이라고 할 수 있는데, 우리나라의 '종로타워'도 그의 작품이라고 합니다.

우리나라 서울의 종로타워도 그의 작품이군요? 어쩐지 예사로운 빌딩이 아닌 거 같았어요. 그럼 런던 시민들은 이 워키토키 빌딩과 스카이가든을 좋아하나요?

사실 이 워키토키 건물이 완공된 것은 2014년인데 자동차 철판이 녹은 사건은 그 전해인 2013년에 발생합니다. 그래서 건물 공사가 한창일 때는 말할 것도 없고 건물이 완공된 이후에도 한동안은 많은 비난에 시달리기도 했습니다. 그래서 이 건물은 2015년 영국에서 최악의 새 건물에 수여하는 'Carbuncle Cup'을 수상하는 오명을 쓰기도 하였지요. 그리고 아까 말씀드린 것처럼 건물이 오목렌즈가 되어 남쪽 거리로 뜨거운 열을 반사해서 실제 계란 후라이를 만들 수 있다 해서 '후라이스크래퍼(Fryscraper)'라고 놀림을 받기도 했지요. 이 오목 거울이 태양광을 6배로 강하게 만드는 역할을 했다고 해요. 그 이후 현재 보이는 모습으로 빛의 반사를 막는 차양을 모두 설치해서 느낌이 많이 바뀌었죠. 차가 녹아내린 건 너무하지만, 저는 예전 모습이 더 그립긴 하네요.

이 빌딩은 외관의 오목거울뿐 아니라 건물 구조도 특이한데 대게 고층 건물은 위로 가면서 좁아지거나 성냥갑처럼 층별 면적이 동일하게 설계된 건물이 대부분이지만, 이 건축물은 저층 부분과 상층 부분이 넓고 가운데가 좁은 모양입니다. 마치 그대로 크기를 줄여보면 손에 잘 잡히도록 디자인된 워키토키를 떠올리게 해 또 하나의 런던의 명물이 되었으며 상층 부분이 넓은 이유는 도심 속 공중 정원 스카이 가든을 위해서입니다.

빌딩 속에 공중 정원이 있다니, 뭔가 판타지스럽네요.

35층부터 37층까지의 공중 정원은 무료입장이다 보니, 오픈 당시부터 폭발적인 인기로 한 달 전에 예약하지 않으면 올라가 볼 수 없는 핫플레이스가 되었습니다. 성경에 나오는 바빌론의 공중 정원이 어떻게 만들어졌는지는 모르지만, 우리 시대의 공중 정원은 바로 이 스카이 가든이 아닐까 생각합니다.

물론 건물 꼭대기의 '스카이 가든'은 건물 개발자가 런던에서 가장 높은 공공 공원이라고 주장했지만, 개장 이후 '공원'으로 설명될 수 있는지와 진정한 '공공'인지에 대한 논쟁이 있었습니다. 하지만 이곳은 3개 층에 걸쳐 있으며 2개의 고속 리프트로 수시로 출입할 수 있으며 넓은 전망 구역, 테라스, 바 및 2개의 레스토랑이 있는 휴식 공간으로서는 정말 손색이 없는 곳입니다(단, 출입 예약은 온라인으로 해야 한다).

운이 좋아 예약이 다 차지 않은 날이거나 저녁 6시 이후엔 예약 없이 현장 입장도 가능하며, 가든 내 레스토랑과 바 이용객은 전망대 정원과 상관없이 입장이 가능합니다. 단, 요즘은 100% 예약을 해야 합니다. 바로 맞은편에 런던의 최고층 빌딩 더 샤드(The Shard), 옆으로 테이트 모던과 세인트 폴 대성당, 타워브리지를 감상할 수 있으며 시간대가 맞으면 타워브리지가 열리는 모습도 볼 수 있는 곳이니 같이 올라가서 런던의 뷰를 마음껏 즐겨보시지요.

템스강 가에서 바라본 워키토키 빌딩

Place 12.

런던 최초의 환경친화적 빌딩

30 St Mary Axe

♬ Sam Brown
- Stop

90년대 초 샤론 스톤이 주연인 영화 〈원초적 본능〉을 기억하시나요?

네, 그럼요. 샤론 스톤의 다리 꼬는 장면은 워낙 유명하잖아요. 그런데 원초적 본능은 미국 영화 아닌가요?

네, 맞습니다. 원초적 본능은 미국 영화입니다. 하지만 원초적 본능의 속편인 〈원초적 본능2〉는 2006년 개봉된 영화인데 바로 이곳 런던에서 촬영되었습니다.

〈원초적 본능 2〉도 있었어요? 몰랐네요. 그럼 그 영화도 샤론 스톤이 주연했나요?

그럼요. 원초적 본능에서 샤론 스톤 빼면 앙꼬 없는 찐빵이지요. 비록 샤론 스톤의 고군분투에도 불구하고 〈원초적 본능 2〉는 흥행에 실패합니다. 하지만 영화 속에서 샤론 스톤이 유혹하는 정신과 의사의 클리닉이 바로 이 30 세인트 메리 엑스(30 St Mary Axe) 빌딩에 있습니다. 이 빌딩은 오이 피클을 닮았다 해서 '거킨(Gherkin)'이라는 애칭으로 더 알려져 있습니다. 영국의 천재 건축가 노먼 포스터가 2004년 준공한 빌딩으로 기존의 고층 건물이 가지는 경직된 상자 형태를 탈피한 모습으로 런던 시민들에게 사랑받는 건물로 유명합니다. '30 St Mary Axe'라는 공식 이름이 있음에도 '거킨'으로 더 많이 불리곤 하는데, 영국에서는 작은 오이로 담근 피클을 거킨이라고 부르는데 이와 비슷한 모습이기 때문입니다. 이 건물은 최근 베네딕트 컴버배치 주연의 BBC 드라마 〈셜록〉에도 등장하여 한국에서도 인지도가 많이 높아졌습니다.

우주선처럼 생긴 외관으로 특수 목적으로 설계되었을 것 같으나, 실제로는 그냥 사무실 건물입니다. 로이즈 빌딩이 있는 뱅크 지역의 북쪽에 위치하며 스위스 보험 회사인 Swiss RE의 본사 그리고 수많은 보험 및 금융 회사들에 임대를 하고 있다고 합니다.

지금은 런던의 대표적인 관광 포인트 중 하나로 자리 잡았으나, 2004년 준공 당시 호불호가 많이 갈려 런던의 도시적 맥락을 고려하지 않은 엉뚱한 디자인이라는 평가도 들었습니다. 사실 이 자리는 세계 유일의 독립 해운 마켓인 발틱해운거래소가 있던 자리입니다. 세계 해양 마켓, 해운 보험 그리고 항해법 모두 영국이 본가입니다. 그래서 국제해사기구(IMO, International Maritime Organization)도 런던 람베스노스에 있고, 현재 수장이 영광스럽게도 임기택 총장님이시죠(임기는 2023년까지입니다).

발틱해운거래소는 1992년 아일랜드 독립무장세력 IRA의 폭탄 테러로 사라져 버립니다. 이후 2003년 노먼 포스터에 의해 지금의 모양으로 설계가 됩니다. 전통과 고전으로 대변되었던 런던이라는 도시의 이미지를 크게 뒤흔들 만한 새로운 건물 디자인에 대한 거부감이 상당했는데요, 과연 런던에 새로운 건축적 아이콘을 세우는 것이 정당한가 그리고 테러리스트의 위협으로부터 안전을 보장받을 수 있느냐는 뜨거운 여론의 논쟁을 불러일으켰던 것입니다.

스위스의 여성 감독 미리엄 폰 악스는 이 빌딩 건설의 기획 단계부터 참여해 3년여 이상의 시간을 투입해 이 빌딩이 완공되어 공개되기까지의 전 과정을 다큐멘터리 영상으로 기록하기도 했습니다. 하나의 건축물이 한 도시에 얼마나 큰 변화를 가져올 수 있으며 그 과정에서 설계자의 고민, 건축주의 이해와 관심, 도시 계획가의 공공에 대한 배려 등이 어떤 충돌을 벌이고 어떻게 조정되어 가는지를 보여 주는 수준 높은 다큐이니 한번 보시기를 권장해 드립니다.

거킨 빌딩과 세인트 앤드류 교회 그리고 이층 버스

카메라 앵글 속 하이테크 건축물 거킨과 중세 교회 세인트 앤드류 언더샤프트와 런던의 빨간 이층 버스가 아이코닉 런던을 완성하고 있다.

아, 그런 다큐멘터리 영화도 있군요. 한번 봐야겠네요.

그런 논란 속에서도 노먼 포스터는 미학적 측면을 고려할 뿐만 아니라 친환경적인 부분을 고려해 에너지를 최대한 절약할 수 있는 방향으로 건물을 설계하기로 유명한데, 원추형의 빌딩 내부 층마다 원을 6등분한 형태로 사무실들이 배치되고, 각 층 일부 구간을 뚫어 커다란 계단 창으로 쓴다고 합니다. 또한, 이 계단이 빌딩 외벽을 따라 빙빙 도는 형태로 올라가며 건물 전체의 환기를 매우 효율적으로 만들었습니다. 외벽의 짙은 색깔 유리가 바로 이 계단 창과 환기구 부분입니다. 이 환기 부분에 나 있는 창문들은 컨트롤 시스템의 판단하에 자동으로 열리고 닫히며 건물 안의 공기를 항상 일정 레벨 이상으로 순환시켜 주고 있습니다. 또한, 상층부로 갈수록 좁아지는 원추형의 구조는 바람을 부드럽게 흘려보내 고층 빌딩 주변이 항상 겪는 강풍으로 인한 피해를 최소화했습니다.

또한, 대류 효과로 항상 빌딩 아랫부분에서 윗부분으로 공기가 흐르도록 디자인되어 여름에는 공기 순환을 돕고, 겨울에는 하부만 난방하면 전체적으로 따듯한 공기가 흐를 수 있도록 설계되었습니다. 그래서 일반적인 사각형 오피스 빌딩에 비해 40%에 달하는 에너지 절감 효과를 기대할 수 있다고 합니다. 외벽의 굽이치는 나사선에도 의미가 있는데, 이 선을 타고 빗물을 모아 최저층에서 수거하여 빌딩 내 화장실 등에 재활용한다고 합니다. 이러한 혁신적인 점을 인정받아 2004년에 영국 왕립건축가협회에서 주는 스털링 상(Stirling Prize)을 수상하기도 했습니다.

거킨 빌딩 1층
곡면 경사를 따라 빗물이 흘러내려 지면 아래 간이 저수조에서 처리된다.

또한, 거킨 빌딩 옆에는 천년 된 교회가 있는데요, 바로 세인트 앤드류스 언더샤프트 교회 (Saint Andrews Undershaft Church)입니다. 이 거킨 빌딩과 교회는 천년의 세월을 두고 묘하게 조화를 이루고 있기도 합니다.

하이테크 빌딩숲 속의 중세 교회

인물

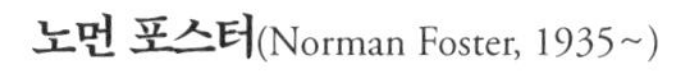

노먼 포스터(Norman Foster, 1935~)

노먼 포스터 남작은 영국의 건축가로 맨체스터 대학교에서 건축과 도시 계획을 공부한 뒤 예일 대학교에서 석사과정을 밟으며 리차드 로저스를 만나 파트너가 된다. 1962년 노먼 포스터는 리차드 로저스와 그들 서로의 아내인 수 로저스, 웬디 치즈먼과 함께 'Team 4'를 결성하여 하이테크 산업 디자인을 바탕으로 짧은 기간 동안 명성을 쌓았다. Team 4 해체 이후에는 아내 웬디 치즈먼과 함께 'Forster and Partners'의 전신인 'Foster Associates'를 설립, 미국의 유수의 건축

16. https://commons.wikimedia.org/wiki/File:Norman_Foster_dresden_061110.jpg

가들과 협력했고, 아내 웬디가 1989년 죽기 전까지 사무엘 베케트의 극장 프로젝트를 포함하여 친환경적 디자인 건축물들을 만들었다.

대표작인 홍콩의 HSBC 빌딩을 설계함으로써 세계적인 명성을 얻었고, 그 외에도 런던의 30 St Mary Axe(Gherkin), 윌리스 빌딩, 웸블리 스타디움 등이 있고 미국의 허스트 타워, 애플 신사옥 캠퍼스 그리고 한국의 한국타이어 테크노 돔 등도 설계했다.

Place 13.

모듈형 건축의 끝판왕

The Leadenhall Building

♬ Entering Diagon Alley!
- Harry Potter and the Sorcerer's Stone Soundtrack

혹시 레든홀 마켓은 들어보셨는지요?

네, 들어봤어요. 해리 포터에 나오지 않나요?

잘 아시네요. 레든홀 마켓은 해리 포터에도 등장하여 잘 알려져 있지요. 런던에는 오랜 역사를 가진 아름다운 시장들이 참 많습니다. 그래서 시장을 돌아보는 것은 런던 여행에서 아주 중요한 코스 중에 하나가 되겠습니다. 특히 화려한 내부 인테리어가 인상적인 레든홀 마켓은 14세기부터 이곳에 있었으니까, 무려 700여

년의 역사를 자랑하는 시장입니다. 런던에서 가장 오래된 시장 중의 한 곳이죠. 원래 레든홀 마켓이 있던 이 자리는 로마 시대에 공회당과 포럼 바실리카 대광장이 있던 역사가 깊은 곳이었습니다. 그러다 14세기 초에 가금류와 치즈 장사들이 모여서 장사를 시작했고 이후 지붕을 덮고 고기, 야채, 허브 등을 각각 섹션을 구분하여 영업하게 되었습니다.

지붕을 덮은 납 구조물 때문에 레든홀 마켓이라고 불리게 되었습니다. 이곳은 주말에는 영업을 하지 않고 주중에만 아침 10시부터 저녁 6시까지 문을 엽니다. 주위에 오피스 빌딩이 많이 있어서 이곳에 있는 식당, 와인숍, 카페 등으로 직장인들이 점심을 먹으러 옵니다. 또한, 정육점이나 꽃집들도 많습니다. 저녁에 시장 문을 닫을 시간이 되면, 시장 안에 있는 펍으로 직장인들이 또다시 모여들기 시작합니다. 전통 있는 이곳에서 맥주 한 잔을 즐기면서 그날 하루의 피로와 스트레스를 날려버린다고 합니다. 그런데 사실 레든홀 마켓은 이곳에 무언가를 쇼핑하러 온다기보다는 시장 자체의 인테리어를 보러 온다고 생각하는 게 좋습니다. 타워 브리지를 만든 호레이스 존스(Horace Jones)의 걸작이기 때문에 이 인테리어 하나만으로도 이 레든홀 마켓은 충분히 방문할 가치가 있습니다.

정말 내부 인테리어가 화려하네요. 그래서 해리 포터의 배경이 되었나 보죠?

네, 그렇지요. 화려한 내부로 인해서 해리 포터 시리즈의 1편 '마법사의 돌'에 나온 마법사들의 펍 리키 콜드론(The Leaky Cauldron)과 마법 물품을 파는 시장 다이애건 앨리 (Diagon Alley)의 배경으로 유명해졌지요. 그래서 전 세계의 해리 포터 덕후들은 성지 순례하듯 이곳을 빼놓지 않고 방문하기도 합니다. 그런데 해리포터 말고도 〈파르나서스 박사의 상상극장〉이라는 영화에서는 이곳이 더 자세하게 나옵니다. 히스 레저의 마지막 유작이기도 한 이 영화는 지금의 세상이 얼마나 상상력이 부재한지를 지적하는 영화인데요, 이곳 레든홀 마켓은 상상력을 극대화시키는 판타지 영화의 촬영장으로 아주 안성맞춤인 거지요.

레든홀 마켓

〈파르나서스 박사의 상상극장〉도 판타지 영화이군요. 이 영화도 찾아보겠습니다. 그런데 레든홀 빌딩은 언제 소개해 주시나요?

그럼 지금부터 레든홀 빌딩을 소개해 드리겠습니다. 먼저 레든홀 마켓의 이름을 딴 빌딩이며 여기 거킨 빌딩을 마주하고 있는 레든홀 빌딩에 대하여 소개해 드리겠습니다. 레든홀 빌딩은 영국의 현대 건축에서 노먼 포스터와 쌍벽을 이루는 리차드 로저스라는 건축가가 2014년 완공한 건축물입니다. 거대한 계단형 쐐기 모양으로 46개 층 225m 규모입니다. 로저스가 설계한 또 다른 대표작 로이즈 빌딩과 서로 마주 보는 위치에 있습니다.

외관 모습이 치즈 가는 강판을 닮았다 해서 치즈 그레이터(Cheese Grater)라고도 불리는 이 고층 빌딩은 10도 경사로 뾰족하게 솟은 파사드(Facade) 형태를 띠고 있는데, 세인트 폴 조망권 기억나시죠? 바로 그 세인트 폴 관측지의 뷰를 막지 않으면서 좁은 부지 안에 고층 빌딩을 집어넣기 위한 최선의 디자인이었다고 로저스는 밝혔습니다. 원래는 더 고층 빌딩으로 지으려고 했다고 합니다. 당초 설계는 카나리 워프 인근에 있는 런던 시티 공항의 이착륙에 방해되는 디자인이었는데 이렇게 바꾸면서 문제를 해결했다고 하네요.

로이즈 빌딩에서 설명해 드리겠지만, 로이즈 빌딩은 모든 것이 모듈 방식으로 끼워 넣는 미래형 빌딩입니다. 레고 같은 빌딩이라고 볼 수 있죠. 그가 추구했던 이상향이 사실은 이 치즈 그레이터 입니다. 그때는 기술적인 한계로 하지 못했던 것을 21세기에 와서 완성한 것이죠. 이미 주위에 고층 건물들이 빽빽이 들어선 데다 이 좁은 골목길에서는 터를 파는 공사도 쉽지 않았다고 합니다. 대형 트럭도 들어오지 못하는 좁은 공간이라 거의 모든 재료를 아주 작은 부속품으로 옮겨와서 이 좁은 골목 사이에서 조립해서 올린 것입니다. 2014년 건축 당시 세계에서 가장 큰 철골 프레임 건물 중 하나였고, 여기에 들어간 철근만 무려 1만 5천 톤이었답니다. 모듈형 건축의 끝판왕이죠. 1970년대 건물인 맞은편의 로이즈 빌딩이 의도적으로 엘리베이터, 기계 설비 등을 밖으로 노출하고 있는데 비해, 레든홀 빌딩은 깔끔한 미학을 추구한 디자인으로 유리를 이용해서 기타 설비를 안으로 완벽히 감추고 있는 모습이 서로 대비됩니다. 다만 옆에 엘리베이터는 마치 플러그인 방식으로 끼워져 있는 걸 볼 수 있습니다.

레든홀 빌딩

46개 층 사무실 공간은 모두 임대를 하고 있는데, 미국 보험 회사들과 호주 보험 회사들이 주로 입주해 있으며 6,000여 명의 임직원이 이곳으로 출퇴근하고 있습니다. 레든홀 빌딩의 임대료는 런던 사무실 임대료 최고가 기록을 깼습니다. 1입방피트, 즉 0.9평방미터 당 85파운드 정도(한화 약 12만 원)라고 하니 엄청난 고가 임대료입니다. 현재는 2017년 중국 부동산 재벌 기업 CC랜드홀딩스에 9억 1,500만 파운드(약 1조 2,800억 원)에 매입되어 중국 재벌의 런던 부동산 투기에 대한 우려를 자아내기도 했습니다.

인물

리차드 로저스(RIchard Rogers, 1933~)

리차드 로저스 남작은 노먼 포스터와 쌍벽을 이루는 영국의 모더니즘, 기능주의적 디자인의 하이테크 건축으로 유명한 영국의 건축가다. 1991년 공로를 인정받아 영국 왕실 기사 작위를 수여받았으며 이태리의 건축가 렌조 피아노와 합작하여 프랑스 파리의 퐁피두 센터를 건립하였으며 영국 런던의 레든홀 빌딩, 로이즈 빌딩과 밀레니엄 돔 등을 건축했다. 한국에서도 포스코 건설에서 여의도에 건설한 파크원을 설계한 것으로 유명하다. 2007년 건축계의 노벨상으로 불리는 프리츠커상뿐 아니라 왕립 건축가 협회의 RIBA 로열 금메달 그리고 기사 작위까지 수여받아 그랜드 슬램을 달성했다.

17. https://commons.wikimedia.org/wiki/File:Richard_Rogers_1_March_2016.jpg

Place 14.

하이테크 건축에서 탄생한 미래 지향적 빌딩

Lloyd's Building

♬ Yanni
- Santorini

다음에 소개할 곳은 길 건너에 있죠. 런던 최초의 미래 지향적 빌딩인 로이즈 빌딩에 대해서 소개해 드리겠습니다.

드디어 로이즈 빌딩이군요. 로이드는 많이 들어봤는데, 로이즈 빌딩은 어떤 빌딩인가요?

좀 전에 리차드 로저스의 대표적인 빌딩 레든홀 빌딩(치즈 그레이터)에 대하여 설명해 드렸는데요. 이번에는 로저스의 초기 대표작인 로이즈 빌딩을 소개해 드릴게요. 로이즈 빌딩은 1978년에 완공된 빌딩으로 런던의 미래 지향적 빌딩의 원조 격인 빌딩입니다. 이 건물도 역시 리차드 로저스가 설계한 빌딩으로 세계적인 보험 마켓 '로이즈 오브 런던'의 사옥 건물입니다. 이 빌딩의 소유주는 로이즈라는 영국의 특수 법인으로 로이즈 보험 거래소, 로이즈 선급, 로이즈 뱅크 이 세 가지 조직을 가지고 있는 글로벌 금융 그룹사입니다. 세계적으로 유명한 이 로이즈 재보험이 이 로이즈 빌딩에 있습니다. 현재 이 세 가지는 완전히 별도로 움직이며 일반적으로 로이즈라고 하면 이 로이즈 보험 거래소를 이야기합니다. 로이즈 보험사라고 언론에서 소개되지만, 일반적인 보험 회사로 볼 수는 없고 로이즈는 보험사들과 은행들의 연합체이자 다른 나라에선 볼 수 없는 독특한 글로벌 보험 거래소 시장입니다. 수백 년의 역사를 가지고 있으며 타이타닉의 엄청난 배상금을 물어준 것도 바로 이 로이즈였습니다. 우리나라의 보험 회사들도 자신들의 위험 부담을 회피하기 위하여 큰 보험 회사에 다시 드는 보험인 재보험은 바로 이 로이즈에 들고 있지요. 영국 왕실도 이 기업의 고객 중 하나이며 바로 이 로이즈 빌딩에 엘리자베스 2세 여왕이 방문하기도 했다고 합니다. 건물을 직접 보니 어떠세요?

로이즈 빌딩

아주 독특하네요. 안에 있어야 할 것을 바깥으로 다 노출시켰나 봐요?

네, 맞습니다. 한눈에 보기에도 독특한 이 건물은 파리의 퐁피두 센터를 건립한 리차드 로저스의 작품이지요. 이 건물 이전에 지은 퐁피두 센터는 리차드 로저스가 렌조 피아노라는 이탈리아의 건축가와 함께 지은 건물인데요,

1970년대에 일반인의 상상을 뛰어넘는 창의적인 디자인으로 혁명을 일으켰던 건물입니다. 이 건물도 배관이 외부로 돌출된 거 같은 디자인으로 사람들에게 화학 공장 같다는 비난을 감수해야 했습니다.

퐁피두 센터

퐁피두 센터

로이즈 빌딩은 파사드 형태를 안정적으로 구현하기 위해 총 1만 5천 톤의 철골을 쓰고 각 교차 지점마다 거대한 볼트로 균형을 잡은 뒤, 최상부의 고정 장치로 빌딩 전체를 묶어 놓는 공법으로 만들어졌습니다. 조립 과정 상당 부분을 가상 건축 시뮬레이션 공법으로 설계하고 기계로 조립한 1970년대 당시의 최첨단 하이테크 빌딩입니다.

본인이 40여 년 전 설계한 로이즈 빌딩에 대해 로저스 남작은 "손으로 만든(hand-made-kind) 당시 최신 공법을 도입한 시공 과정에서 수많은 수정과 난관을 풀어나간 작품"이라 평했으며 "레든홀 빌딩처럼 완벽하게 기획되고 설계된 현대의 빌딩과 마주 보며 있는 것이 흥미로운 그림"이라 평했습니다.

이 빌딩은 1978년에 완공된 무려 40년이 넘은 건물이지만 세월의 흔적을 전혀 느낄 수 없는 초현대식 하이테크 빌딩으로 유명합니다. 퐁피두 센터와 마찬가지로 일반적으로 내부로 숨겨 놓는 엘리베이터나 배선, 환기구 등을 바깥으로 빼낸 설계가 아주 독특하며 건물 외벽도 스테인리스 스틸로 감싸서 굉장히 미래적인 느낌을 줍니다.

건물은 크게 6개의 타워로 이루어져 있으며 각 타워는 총 12개의 엘리베이터로 구성되었는데요, 건물 외곽에 돌출되어 있어 런던의 경관을 바라보며 탑승할 수 있도록 설계되어 있습니다. 그리고 화장실, 주방, 비상계단, 로비 등을 포함하고 있고요. 모든 타워는 부분 부분마다 모듈형으로 교체할 수 있는 유연성이 특징이며 실제로 1997년부터 2번에 걸친 대대적인 설비 교체를 한 적이 있는데 레고 부품 갈아 끼우듯이 쉽게 했다고 합니다. 공급 설비, 기계 시설, 엘리베이터, 화장실, 주방, 비상계단, 로비 등은 개보수 필요 없이 바꾸고 싶으면 아예 통째로 갈아 끼울 수 있다는 것이 가장 큰 특징입니다

건물 사이 중앙 공간이 비어 있어 채광, 통로 등으로 이용되는데, 이 중앙 공간의 최상부에 전시관으로 쓰이는 아트리움이 있습니다. 이 아트리움 공간은 건물 전체에 채광을 고르게 하는 역할도 맡고 있지요. 이 건물의 전체적인 설계 개념은 극도로 단순하고 논리적이에요. 레스토랑, 커피숍, 바, 서점, 도서실, 회의실 등의 서비스 시설을 아예 지하층으로 몰아넣어 깔끔한 구조를 완성한 것도 특징이라고 할 수 있습니다.

아 정말 독특하면서도 매력이 있네요. 이런 건물이 40여 년 전에 지어졌다는 게 신기합니다.

그래서 이런 창의적이고 미래 지향적인 건물의 원조라고 할 수 있는 거지요. 엘리베이터와 파이프를 바깥으로 빼서 기계의 속살들을 바깥으로 보이게 만든 것만 봐도 작가의 독창적인 개성을 느낄 수가 있지요. 햇빛을 받은 스테인리스 스틸이 반짝거리며 미래 건물 같은 분위기를 물씬 풍기는데, 직접 보면 그 질감까지 느낄 수가 있습니다. 건물 내부는 공개하지 않지만 건물 밖 기념품 매장에서 내부 사진을 볼 수 있습니다. 로이즈 빌딩은 이런 미래 도시적 외관으로 인해 영화에도 자주 등장했습니다. 마블 영화 〈가디언스 오브 갤럭시(Guardians of galaxy)〉에도 로이즈 빌딩이 나옵니다.

Place 15.

새우의 등껍질에서 영감을 받은 빌딩

Willis Building

로이즈 빌딩 바로 옆에는 또 다른 미래 지향적인 빌딩이 있습니다. 바로 저 옆에 보이는 윌리스 빌딩입니다.

아, 저기 저 건물 세 개가 합쳐진 빌딩 말씀이신가요?

네, 맞습니다. 윌리스 빌딩은 노먼 포스터의 2008년 작품으로 로이즈 빌딩과 마주 보고 있습니다. 윌리스 빌딩은 3개의 계단이 합쳐진 듯한 모습(각각 68m, 97m, 125m 높이)이며 28층으로 세워졌습니다. 몇몇 층은 사무 공간으로 임대했지만, 대부분의 공간은 보험사 윌리스에게 할당되었고, 빌딩 이름도 윌리스 타워(Willis Tower)가 되었습니다.

윌리스 빌딩과 로이즈 빌딩

노먼 포스터가 처음 이 빌딩을 디자인할 때, 새우 등껍질이 겹쳐 있는 모습에서 영감을 받았다고 합니다. 이 역시 자연 친화적이고 자연에서 모티브를 받으려 하는 노먼의 성향을 잘 보여 주고 있습니다. 따라서 처음에는 더 곡선이 굽이치는 건물로 만들려 했으나, 고객사 윌리스의 요구에 맞게 더 현대적인 모습으로 수정되어 현재의 모습이 되었습니다. 계단형으로 구성된 디자인은 주위 경관, 특히 맞은편의 로이즈 빌딩과 잘 녹아들게 하는 데 일조했습니다. 그런데 유리로 덮인 오목한 빌딩 외벽이 마치 오목 거울처럼 맞은편의 로이즈 빌딩을 비추고 있는 모습을 보고, 노먼 포스터가 한때 파트너였던 리차드 로저스에 대한 존중을 담아 '당신의 작품을 비추는 작품을 만들겠다'는 헌정의 의미로 디자인한 것이 아니냐는 얘기도 있었습니다. 그래서 로이즈 빌딩을 가장 잘 볼 수 있는 방법은 이 윌리스 빌딩에 비친 모습이죠.

로이즈를 비추는 윌리스 빌딩

정말 거울처럼 모든 곳이 다 비치네요. 신기하네요.

윌리스 빌딩은 독특한 건축 양식, 런던시의 거리 풍경과 스카이라인에 기여한 공로로 2007년 New City Architecture Award를 수상하기도 했습니다. 브렉시트 이후 시티 오브 런던의 보험과 금융 산업에 큰 격변이 예상되면서, 이 빌딩의 주 세입자인 윌리스도 어떻게 될지 모른다는 예측이 있는 만큼 빌딩의 사용처가 바뀔 수도 있을 것 같습니다.

네, 특히 이번 코로나 사태로 인해서 재보험사들이 많이 바빠질 것 같네요.

맞습니다. 보험이라는 것이 17세기에 바로 이 동네 로이즈(Lloyd's)에서 태어났고, 보험 시장은 세계에서 여기가 가장 크니까요. 윌리스 사의 정식 명칭은 윌리스 타워 왓슨입니다. 윌리스 사는 타워 왓슨과 인수 합병을 하면서 전 세계 120개국에 오피스를 두고 시장을 이끌어 가고 있는 세계 3위의 보험 브로커 전문 회사입니다.

아, 보험 회사가 아니라 보험 브로커 회사였군요.

네, 보험 회사가 많이 있으니 개인 고객을 위한 보험 중계일 뿐 아니라 국가나 대형 재난 등과 관련이 있는 재보험 중계일도 같이 하고 있죠.

이곳에서 보험 사업이 커질 수 있었던 특별한 이유가 있을까요?

일단 보험은 해운 사업과 관련이 깊습니다. 이 로이즈 빌딩이 있던 자리에 1686년 에드워드 로이드(Edward Lloyd)가 자기 이름을 딴 로이즈 커피하우스(Lloyd's Coffee house)를 오픈합니다. 요즘처럼 정보 공유가 활발하지 않던 시대라 해운 관련 종사자들은 이곳에서 커피를 마시며 담소를 나누었는데, "이 항로는 해적이 출몰한다더라, 거기는 지금 전염병이 돌고 있으니 배를 보내지 마라, 이 지역에 차와 향신료가 그렇게 저렴하다더라, 이번에 새로운 배가 건조되었는데 정말 바람처럼 빠르더라" 하는 등의 정보들이 공유되면서 이 로이즈는 시티 오브 런던의 핫플레이스가 되었습니다. 이 커피숍의 주인인 로이드는 이런 자투리 정보를 모아서 로이즈 리스트라는 간행물을 만들었는데, 당시 최고의 경제지가 되었습니다. 이런 정보를 잘 활용해서 가치가 높은 물건들을 저렴한 비용으로 가져오기만 하면 그 이익은 실로 엄청났었습니다. 그러나 풍랑에 배가 좌초되거나 역병에 선원들이 죽거나 해적이 약탈하면 그 선주는 전 재산을 날리게 되었죠.

이 시점에서 로이즈는 현대 금융에 큰 축을 차지하는 또 하나의 비즈니스 모델을 탄생시킵니다. 영국 사람들 속담에 "세 사람이 모이면 클럽을 결성한다"라는 말이 있습니다. 그 말처럼 이곳 단골손님은 커피하우스 게시판에 일종의 파티(계)를 조직합니다. 만약 항해가 잘못돼서 한 사람의 전 재산이 날아가는 상황이 오더라도 나머지 파티원들이 손해분을 보전해 주기로 약속합니다. 그 약속이 바로 인슈어런스(Insurance)로 후에 보험으로 발전하게 되었습니다. 그래서 이 커피숍 주인 로이드가 죽고 커피숍은 문을 닫았지만, 이 멤버들은 로이즈 협회를 조직했고, 현재 로이즈 오브 런던이 되었습니다.

아, 보험의 역사적인 맥락이 재미있네요. 그럼 지리적으로는 어떤 이점이 있을까요?

아~ 정말 좋은 질문을 하셨습니다. 여기 위치가 정말 좋죠. 자, 금융업은 이제 로컬이 아니란 건 아실 거예요. 주식 투자를 하려면 해외 주식 시장도 같이 봐야 하지요. 바로 이 런던이 오전에는 극동 아시아의 오후와 맞물리고, 오후에는 아메리카의 오전과 맞물리는 중계 시장으로서 최적의 위치입니다. 그래서 보험 브로커 회사가 이곳 런던에 많은 것입니다. 주식 시장으로 봤을 때도 월스트리트와 어깨를 나란히 하는 곳이 바로 이곳 1평방 마일의 더 시티입니다.

정보

시티 오브 런던의 각종 숫자 데이터 요약

- 매일 50~70만 명이 출퇴근하는 것으로 추정. 이는 영국 전체 노동자의 10% 선.
- 시티 오브 런던 노동자의 3/4이 금융, 컨설팅업에 종사하며 나머지 1/4은 유통, 기술, 서비스업에 종사.
- 매년 4~5%의 고용신장률을 보임.
- 시티 오브 런던이 매년 벌어들이는 수입은 영국 전체의 3%, 런던의 15%가량을 차지함.
- 시티 오브 런던의 수익은 매년 4%가량의 증가율을 보임.
- 시티 오브 런던에 23,580여 개의 회사가 있음. 99%의 중소 · 중견기업, 1%의 전 세계 최대 규모의 대기업으로 구성.
- 초대 기업의 개수는 260여 개로 수는 적지만, 이 260여 개 기업이 시티 오브 런던 일자리의 50%를 공급. 특히 금융업 일자리의 75%는 초대기업에서 창출.
- 시티의 서쪽에는 주로 법조계, 동쪽에는 금융계 회사들이 위치함.
- 매년 1,000여 개의 스타트업이 시티에서 시작함. 40% 금융 · 비즈니스, 15% 기술, 기타
- 시티 오브 런던 노동자는 대체로 젊음. 61%가 22세~39세 사이.
- 성비 불균형 심각. 63% 남성, 37% 여성.
- 인종적으로 28%만이 마이너리티(아시안, 흑인, 기타), 72% 백인.
- 시티 전체 노동자의 70%가 전문직, 런던 59%, 영국 46%에 비해 높은 수치.
- 시티 노동 인구 60%는 영국 태생, 16% 유럽 태생 이민자, 24% 기타 지역 이민자.
- 영국 금융업 일자리의 47%가 시티에 위치.
- 금융업은 영국의 Gross Value Added(GVA)의 7%가량을 차지함. 이 중 20%가량이 시티,

런던의 50%가량이 시티에서 나옴.

- 금융업 일자리 하나에서 10만 파운드의 가치가 창출된다고 함.
- 길드의 4대 조직은 양복쟁이, 포목 장수, 금세공인, 식품업자.
- 가이드 길드 British guild of tourist guide.
- 길드 연합의 장이 시장.

시티 오브 런던 한 페이지 요약

세인트 폴 대성당: 런던 금융 중심가인 시티 오브 런던(City of London)을 대표하는 가장 상징적인 건물인 세인트 폴 대성당(St. Paul's Cathedral). 세인트 폴 대성당은 런던을 대표하는 성공회 대성당으로 세계에서 두 번째로 큰 돔 성당으로 웨스트민스터 사원과 함께 런던의 대표적인 성당. 오랫동안 영국인들의 정신적 지주 역할을 해 온 세인트 폴 대성당은 여러 국가 행사가 치러진 곳으로도 유명함.

세인트 폴 조망권(Saint Paul protected view): 세인트 폴은 영국인들의 정신적 지주 같은 곳으로, 영국인들은 "무슨 일이 있어도 이곳은 사수해야 한다"라는 정신이 있음. 그래서 제2차 세계 대전 때도 목숨 바쳐서 사수했고, 20세기에 들어서면서 마천루들이 많이 지어졌지만 새 건물을 지을 때 세인트 폴 대성당만큼은 보이게 지어야 한다는 '세인트 폴 조망권(Saint Paul protected view)'을 보호하는 건축 법안을 만듦.

파터노스터(Paternoster) **냉각기**: 제2차 세계 대전 후 파괴된 파터노스터 광장을 재건하면서 입주한 사무실들을 위한 전력 수요가 엄청나게 증가하여 새로 설치한 대용량의 전기 변전기를 흉물스러운 모습 대신 토마스 헤더윅의 아이디어로 예술 작품으로 승화하면서 '천사의 날개'로 불리게 됨.

시티 오브 런던: 여기서는 간단하게 시티(City)라고 부르는데 BC 55년과 BC 54년 로마 제국의 갈리아 주둔군 사령관 시저가 두 차례나 브리튼 섬을 침

공한 이후 런던의 중심지가 됨. 1215년 '마그나 카르타(대헌장)'에 명시된 전통으로 시티 오브 런던은 지리적으로 런던시 안에 위치하나 독자적인 자치도시 지위를 가짐으로써 런던의 시장과 별도의 시티 오브 런던의 시장이 존재하며 경제적, 정치적인 자치권을 가지고 있다. 지금은 카나리 워프와 함께 영국의 대표적인 금융가가 됨.

대화재 기념탑(모뉴먼트): 1666년 런던시의 80% 이상을 불태운 런던 대화재를 애도하고 기념하기 위해 지어진 탑의 높이는 불이 시작된 푸딩 레인의 빵집에서의 거리와 같은 62m. 고대 로마 제국의 기둥 스타일로 지어진 모뉴먼트는 세계에서 가장 높은 고립된 돌기둥.

스카이 가든: 런던의 스카이라인 속에서도 현대의 공중 정원이라 할 수 있는 곳. '워키토키'라는 빌딩 꼭대기에 있는 스카이 가든에서 런던을 한눈에 내려다 볼 수 있음.

거킨 빌딩: 노먼 포스터가 설계한 건물로 미학적 측면뿐만 아니라 친환경적인 부분을 고려해 에너지를 최대한 절약할 수 있는 방향으로 설계된 것으로 유명함. 원추형의 빌딩 내부 층마다 원을 6등분한 형태로 사무실이 배치되어 있고, 각 층 일부 구간을 뚫어 커다란 계단 창으로 사용함. 오이 피클과 닮았다 하여 '거킨' 빌딩으로 불림.

레든홀 빌딩: 거킨 빌딩을 마주하고 있는 레든홀 빌딩은 영국의 현대 건축가 리차드 로저스가 2014년 완공한 건축 작품. 거대한 계단형 쐐기 모양으로 46개 층 225m 규모. 로저스가 설계한 또 다른 대표작 로이드 빌딩과 서로 마주 보는 위치에 있음. 건물의 외관이 치즈 가는 강판을 닮았다 해서 치

즈 그레이터(Cheese Grater)라고도 불리는 이 고층 빌딩은 10도 경사로 뾰족하게 솟은 파사드(Facade) 형태를 띠고 있음.

로이즈 빌딩: 이 빌딩은 1978년에 완공되고 무려 40년이 넘었지만 전혀 세월의 흔적을 느낄 수 없는 초현대식 하이테크 빌딩으로 유명. 일반적으로 건물 내부로 숨겨 놓은 엘리베이터, 배선, 환기구 등을 바깥으로 빼낸 설계가 아주 독특하며 건물 외벽도 스테인리스 스틸로 감싸서 굉장히 미래적인 느낌을 줌.

윌리스 타워: 3개의 계단이 합쳐진 듯한 독특한 모습으로 세 개의 건물은 각각 68m, 97m, 125m 높이이며 28층으로 세워졌음. 노먼 포스터가 처음 이 빌딩을 디자인할 때, 새우 등껍질이 겹쳐 있는 모습에서 영감을 받았다고 함.

Part 4.

카나리 워프

Canary Wharf

Place 16 Canary Wharf

Place 17 Museum of London Dockland

Place 18 Crossrail Place

Place 19 One Canada Square

Place 20 25 Bank Street

Place 21 8 Canada Square

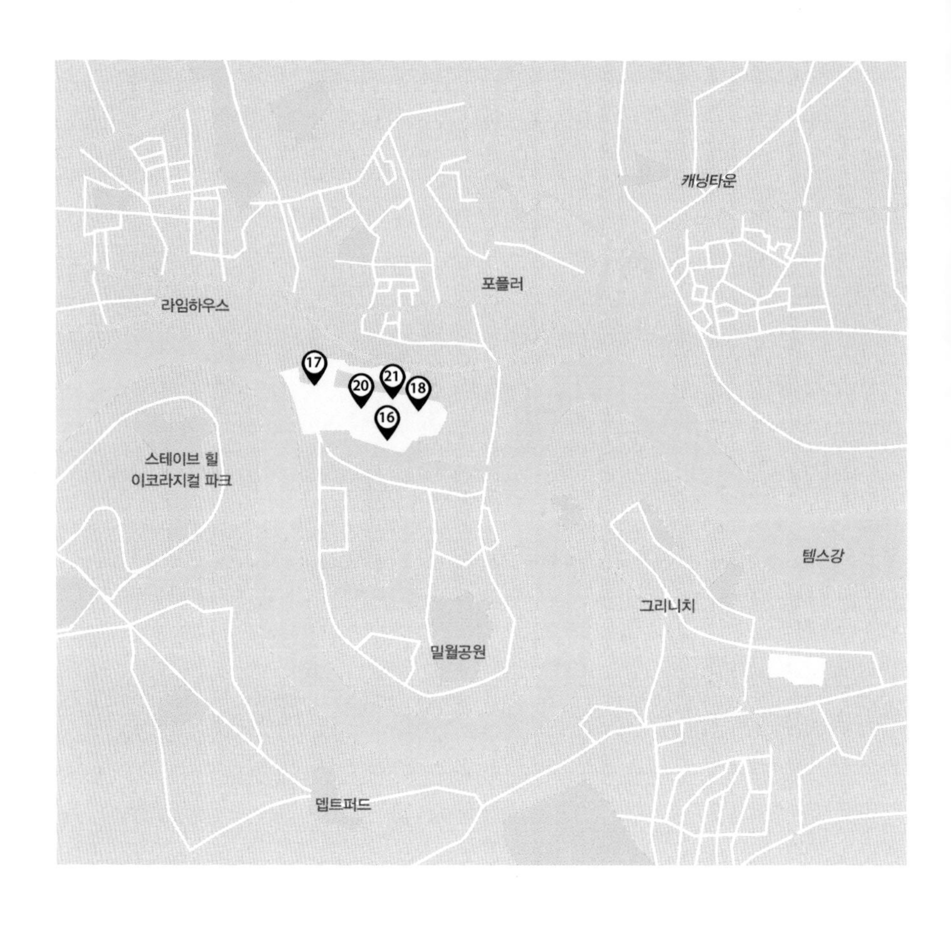

Place 16. 버려진 항구에서 유럽 최고의 금융 중심지로 Canary Wharf

Place 17. 과거의 영광인가 반성인가? Museum of London Dockland

Place 18. 스타워즈에 등장하는 우주 정거장 Crossrail Place

Place 19. 빅벤의 오마주 One Canada Square

Place 20. 리먼 브라더스 사태의 여파 25 Bank Street

Place 21. 네 마리의 사자상이 지키는 빌딩 8 Canada Square

Place 16.

버려진 항구에서 유럽 최고의 금융 중심지로

Canary Wharf

♬ The Cranberries
- Dreams

지금 옮겨온 곳은 2000년대에 새로 뜨고 있는 지역인 카나리 워프입니다. 영국에서 제일 긴 지하 터널인 라임하우스 터널을 지나니 신세계가 펼쳐졌죠?

라임하우스 터널

이 라임하우스 터널은 해저 터널을 제외한 육지에 있는 터널 중에서는 가장 긴 터널이자 가장 비싼 터널이란 별명을 가지고 있습니다. 한 걸음당 1억 정도의 공사비가 들었다고 전해지며 총 길이는 1.8km입니다. 터널 양쪽 입구에 자독 벤 데이비스(Zadok Ben-David's)와 나이젤 홀(Nigel Hall)의 작품이 장식되어 있어, 터널이 곧 미술 작품이라 할 수 있습니다. 이 터널에서도 알 수 있듯이 런던 도시 재생의 중요한 요소는 예술성 부여입니다.

정말 그렇네요. 시티에서 벗어나서 뭔가 음침한 곳을 지나더니 다시 미래가 나오네요. 아까 시티보다 더 미래로 온 것 같아요. 카나리 워프는 그럼 신시가지인가요?

네, 1980년대 대처리즘의 결정판인 '빅뱅'으로 시작된 새로운 금융 지구입니다. 카나리 워프 지역도 런던의 스카이라인을 설명할 때 빼놓을 수 없는 지역입니다. 금융 빅뱅은 1983년 대처 정부와 런던 증권 거래소가 이전 정부에서 시작된 광범위한 독점 금지 문제를 해결하기로 합의한 결과였습니다. 1986년 10월 27일 금융 시장의 구조를 변경하기 위해 런던 증권 거래소의 많은 규칙이 변경되고 고정 수수료가 폐지되면서 시장 활동이 폭발적으로 증가하여 "빅뱅"이라고 불렸습니다. 이로써 영국은 공업 국가에서 금융 국가로의 새로운 산업 혁명이 이루어지기도 하였지요.

빅뱅은 런던의 금융 시장 구조에 큰 변화를 가져왔습니다. 수많은 금융 기관의 인수 합병이 이루어지고 그 과정에서 몸집을 불린 금융 기관들이 앞다투어 사옥을 이곳 카나리 워프에 지으면서 이렇게 금융 중심의 신시가지가 형성되게 된 것입니다.

카나리 워프 스카이라인
그리니치에서 본 카나리 워프 빌딩숲. 과거와 현재가 공존하고 있다.

카나리 워프는 런던 템스 동부의 도클랜드(Docklands) 지역 일부를 비즈니스 지구로 개발한 것인데, 마치 한국의 여의도 같은 느낌을 줍니다. 부분 간척으로 부지 평수를 넓히고 현대식 초고층 빌딩 건축 허가를 대량으로 내주어 리먼 브라더스, 씨티뱅크, HSBC, 바클레이, 모건 스탠리, JP 모건 등 다수의 투자 은행과 컨설팅 회사들의 유럽 본사를 유치했습니다. 이 회사들의 초고층 건축물을 "카나리 워프 타워"라고 하며 대표적으로 원 캐나다 스퀘어, 8 캐나다 스퀘어, 25 캐나다 스퀘어가 있습니다. 이 건축물들은 2000년대 초까지만 해도 런던에서 가장 높은 건축물 1~3위를 차지했습니다.

그럼 우리에게 여의도 같은 곳이 되겠는데, 도시 재생과 관련된 이야기가 있나요?

여의도가 조선 시대 왕의 목축장이었듯이 카나리 워프도 원래 이름으로 따르

18. https://commons.wikimedia.org/wiki/File:Canary_Wharf_2.jpg

면 개들의 섬, 바로 영국 절대 왕정 헨리 8세의 사냥개인 하운드의 사육장이 이곳에 있었다고 합니다. 금융 중심지로 발전되기 전의 여의도와는 좀 다르게 이곳은 영국의 첫 번째 전성기 대영 제국의 성장 동력이었던 식민지 사업과 무역 그리고 대항해 시대의 산업 지구 위에 금융이 올라가서 빌딩숲을 이루고 있다는 것이 제가 이곳을 보여 드리는 이유입니다. 일단 카나리 워프라는 지명에서부터 힌트를 주는데요, 워프(Wharf)라는 단어는 Warehouse At River Front 라는 단어의 약자입니다. 직역하면 강 앞에 있는 창고 정도로 항구에서 배를 정박해 두고 물건을 싣고 내리는 장소라고 사전에서 정의합니다. 우리말로는 선창이라고 할 수 있겠습니다. 또한, 이곳에는 West India Quay, Heron Quay, South Quay라는 역이 나란히 있습니다. 여기서 Quay는 Wharf의 옛말입니다. 그 주변에는 지금도 Dock라고 불리는 지역들이 물과 함께 그대로 남아 있어 마치 항구와 조선소가 그대로 있는 느낌이 들기도 합니다. 첫 번째 역인 West India Quay에서 웨스트 인디아가 붙은 이유는 영국의 가장 컸던 식민지인 서인도 제도 즉, 아메리카 대륙으로 가는 배들이 이곳에서 출발했기 때문입니다. 보통 재개발을 하면 과거의 흔적을 다 없애버리고 완전히 새로운 건물들로 채웁니다. 실제로 그게 비용면에서도 작업 난이도 면에서도 훨씬 쉽습니다. 하지만 카나리 워프는 배도 들어오지 않는 항구를 그대로 둔 채로 그 위에 빌딩이 올라가고, 공항이 올라가는 등 이미 1980년대부터 영국인들은 도시 재생의 의미를 알고 있었던 사람들 같아 보였습니다.

터널 바로 전, 이곳으로 오는 곳에 있었던 음침했던 곳은 과거 차이나타운이 있던 라임하우스라는 동네이고 지금은 방글라데시 타운이 된 곳입니다. 그래서 이 동쪽은 래트클리프 살인 사건(터널 바로 앞 고속도로 인근에서 두 가족이 무참히 살해당

한 사건)이나 잭 더 리퍼(Jack the Ripper, 잭 더 리퍼는 1888년 8월 7일부터 11월 10일까지 3개월에 걸쳐 영국 런던의 이스트 런던 지역인 화이트 채플에서 최소 다섯 명이 넘는 매춘부를 극도로 잔인한 방식으로 잇따라 살해한 연쇄 살인범이다)가 나올 정도로 영국의 유명한 슬럼가였습니다. 그전에는 해적들의 아지트이기도 했구요. 그래서 해적들의 펍도 해적들의 사형장도 다 이곳에 있었습니다. 셜록 홈즈 시리즈 중 하나인 '입술 삐뚤어진 사나이' 편에 나오는 아편굴이 바로 이 동네에 즐비했던 아편굴을 배경으로 했다고 합니다.

으~ 그래서 뭔가 으스스한 느낌도 들었던 거군요. 그럼 이곳은 못사는 곳을 재개발한 곳인가요?

그렇기도 하지만 과거에는 대영 제국의 영광이 함께했던 곳이었습니다. 먼저 카나리 워프의 역사에 대해서 말씀드릴게요. 2000년대에 들어서 카나리 워프 하면 런던 동쪽의 아일 오브 독스(Isle of Dogs) 지역의 재개발 프로젝트를 통해 만들어진 런던 제2의 금융 허브, 즉 런던의 월스트리트를 일컫는 말이 되었지만 과거에 이 지역의 모습은 달랐습니다.

이 지역의 옛 이름 아일 오브 독스라는 지명이 왜 생겨났는지에 대한 정확한 정보는 아무도 모르지만, 몇 개의 가설이 있습니다. 헨리 8세의 사냥개 사육장이 생기기 전부터 떠돌이 들개들이 많았던 섬이라고 합니다. 그래서 들개들이 항구와 강변에 많이 죽어있어서 '죽은 개들의 섬' 정도 느낌으로 붙여진 이름이라는 설, 원래 16세기에 Isle of Ducks(오리), Isle of Dykes(방파제, 방벽 Ditch의 영어 고어) 등의 이름으로 불리다가 발음이 비슷한 Dogs로 굳어졌다는 설이 있습니다. 어느 쪽이 더 신빙성이 있다고 생각하세요?

아무래도 독이라는 이름이 붙었으니 개를 뜻하는 첫 번째가 더 신빙성 있지 않을까 생각되네요.

네, 그래서 아까 말씀드렸다시피 카나리 워프의 어원도 카나리아 새가 아니라 라틴어 Canal이 개를 뜻하니 개가 뭔가 더 신빙성이 있는 것 같네요. 정확히는 그 어원을 모르지만 이 지역 아일 오브 독스가 들어가 있는 타워 헴릿스 자치구와 서더크, 뉴햄 그리고 그리니치 자치구들로 구성되었던 런던 도클랜드(배의 건조나 수리 하역할 때 쓰는 Dock와 Land의 합성어로 런던의 동쪽은 해양 사업과 관련이 깊다)는 1950년대까지만 해도 세계 최대의 항구 런던항(London Port)으로 명성을 떨치던 곳이었습니다. 그러나 60년대부터 컨테이너 시스템이 대중화되고 초대형, 첨단 선박들이 늘어나기 시작하면서 그 대형 선박들이 용이하게 드나들고 정박할 시설들을 수용할 컨테이너 부두를 만들기에는 강도 작고 장소도 협소했습니다. 그러다 보니 컨테이너 시설을 건립하지 못하여 1980년대까지 15년간 낙후되고 버려진 지역으로 남게 되었으며 당시 도클랜드의 실업률은 런던 최고를 달렸습니다.

영국의 경제는 도클랜드뿐만 아니라 전국적으로 산업 혁명 시대의 공업 국가인 영국의 이미지가 쇠퇴하면서 이제 얼마 남아있지 않은 식민지로는 더이상 예전의 경제 체제를 이어갈 수 없었습니다. 전국에서 매일같이 일어나는 파업과 파산은 찬란했던 대영 제국도 이제 끝이구나 하는 절망감을 만들어 냈습니다. 그러다가 나타난 영국의 철의 여인 마가렛 대처, 그녀는 1979년에 수상으로 취임한 뒤 본격적으로 영국 경제를 수술합니다. 그 일환으로써 이 지역 재개발을 시도합니다. 1987년 DLR(Dockland Line Railway)이라 불리는 무인 전철을 세계에서 세 번째로 설치함으로써, 당시 영국의 고질병이었던 철도 파업을 원천 봉쇄함과 동시에 1986년에 대처 수상이 집도를 했던 영국 경제 심장의 대수술 처방이었던 빅뱅을 위한 시티 오브 런던에 이어 제2의 금융 단지로의 건설을 시작하게 된 것입니다.

런던의 전통적인 금융 중심지인 시티 지역이 너무 좁고 시티만으로는 금융 산업의 호황을 감당할 수 없어서 버려진 땅처럼 여겨지던 런던 동부의 템스강 가에 있던 늪지대인 카나리 워프 지역에 주목했습니다. 그래서 1980년대부터 재개발을 시작하여 21세기를 맞이하면서 런던이 가장 야심 차게 추진하는 지역의 개발 프로젝트가 된 것이지요. 이 카나리 워프 개발만 보더라도 영국의 개발 방식이 우리가 앞으로 나아가야 할 방식을 잘 보여줍니다.

항구 관련 시설이었던 도크들을 그대로 두고 물이 채워져 있는 상태에서 마천루들이 올라가고, 해당 지역의 버려진 공장과 창고를 리모델링해 주거 지역, 상업 지역으로 대체했습니다. 또한, 당시 영국에서 제일 긴 터널들을 템스강 아래로 뚫어서 사실상 섬이 아닌 육지화시키면서 DLR뿐 아니라 도로 교통 체계까지 크게 개선했습니다. 1987년 DLR이 오픈될 때 새로운 공항인 런던 시티 공항도 역시 테이프 커팅식을 하게 됩니다. 두 대영 제국 시대의 왕을 상징하는 빅토리아 도크, 조지 5세 도크 위에 새로운 공항이 들어서고 거기에 무인 전철이 연결되니 뭔가 대영 제국의 이미지가 부활하는 듯했습니다. 덕분에 땅값이 폭등하면서 이 지역의 이미지는 버려진 늪지대에서 여의도 같은 이미지로 완전히 탈바꿈하게 됩니다.

또한, 밀레니엄에 오픈한 지하철 주빌리 라인과 2022년 오픈 예정인 크로스레일까지 완공되면 시티와 영국의 실리콘 밸리인 레딩 지역까지 고속 전철로 아주 빠르게 연결하는 프로젝트가 완성됩니다. 조종사가 없는 DLR은 이 마천루 사이를 비집고 다니거나 빌딩 속으로 들어가기도 해서 정말 미래에 와 있는 듯한 느낌을 줍니다. 주빌리 라인의 지하철역은 앞서 소개했던 거킨 빌딩으로 유명한 노먼 포스터가 배 모양으로 우주 연구 센터 같은 느낌을 주고 있고, 내년에 오픈하는 크로스레일역은 스페이스쉽 모양을 하고 있어서 우리가 알고 있는 런던의 이미지와는 너무나 다른 느낌을 줍니다. 그런데 이것이 완전히 새롭게 지은 것이 아니라 기존의 항만 시설 위에 올려져 있고, 구석구석 과거 18세기의 건물들이 그대로 사용되는 것이 리디벨럽먼트와 리제네레이션의 차이를 보여 주는 것 같습니다.

무인 전철 DLR
도크 위에 건설된 마천루와 그 빌딩들을 통과하며 다니는 무인 전철 DLR.

배 모양의 카나리 워프역

도시 속에 항구가 공존하는 것이 이색적이다.

서인도 회사의 웨어하우스가 마천루 숲과 연결되어 있다.

카나리 워프는 영국의 미래를 위해서 지난 20년간 유럽 도시 중에서는 초고층 빌딩을 가장 집중적으로 지어 올려서 경제 중심지인 시티 오브 런던과 선의의 경쟁을 하는 지역으로 성장하게 되었습니다. 덕분에 미국의 월 스트리트를 넘어 외화 주식 거래, 외환 거래 등의 거래량은 세계 최고 수준이 되었습니다. 시티가 하루에 출퇴근하는 사람들이 50만 명이라면 이곳은 2019년에 13만 명을 넘겼고, 코로나가 종식되어 정상으로 돌아갈 때는 20만 명으로 늘어날 거라고 계획하고 있습니다.

도클랜드 전경

19. https://commons.wikimedia.org/wiki/File:Canary_Wharf_from_Limehouse_London_June_2016_HDR.jpg

아, 버려진 도시에서 세계 최고의 금융 중심지로 탈바꿈하게 된 거군요.

그렇지요. 그 결과 이곳 카나리 워프 지역은 영국의 금융 감독청, HSBC, Bank of America, Barclays Capital, Citigroup, JP Morgan, Barclays 등 세계적인 금융 기관과 언론사가 자리를 잡고 있고, 쇼핑몰은 물론 주거 지역도 있는 금융의 중심지가 되었습니다. 구 금융 중심지인 시티 오브 런던 지역과도 경전철로 15분~20분 거리에 있어 비즈니스 효율도 상당히 높습니다. 카나리 워프에는 유럽에서 손에 꼽는 높은 빌딩들이 있는데요, 영국에서 두 번째로 높은 원 캐나다 스퀘어(One Canada Square) 빌딩이 위치한 곳이기도 합니다.

카나리 워프 전경

그럼 런던에서 가장 높은 빌딩은 어느 빌딩인가요?

네, 나중에 설명해 드리겠지만 런던에서 제일 높은 빌딩은 더 샤드(The Shard)입니다. 카나리 워프는 총 7개의 구역으로 나누어져 있으며, 전체 면적(1,500만 제곱미터) 중 약 49%는 영국의 부동산 회사인 카나리 워프 그룹(Canary wharf group)의 소유입니다. 약 10만 5천 명이 카나리 워프에서 일하고 있고, 카나리 워프에는 도서관, 영화관도 있고, 포켓몬고 게임의 포케스탑으로도 유명합니다.

자, 그럼 빅뱅 이전의 세계는 어떠했는지 보러 가보실까요?

금융 빅뱅

빅뱅은 우주 대폭발로 우주 시작의 기원을 이야기할 때 많이 쓰는 용어로 영국의 우주학자 스티븐 호킹 박사에 의해 많이 알려졌다. 여기서 말하는 금융 빅뱅은 1980년대 영국의 성장 동력 자체를 바꿔버린 철의 여인 마가렛 대처수상에 의해 실시된 금융 개혁 정책을 설명하는 용어다. 고정 수수료 폐지, 런던 증권 거래소에서 주식 매매업자와 브로커의 차별 철폐 그리고 거래소에서 전자 화면 중심 거래로의 전환 등이 이에 해당하고, 외환 관리의 전폐라는 파격적인 정책으로 영국은 2차 산업에서 3차 산업으로 성장 동력이 완전히 옮겨가는 또 한 번의 산업 혁명을 하게 된다.

Place 17.

과거의 영광인가 반성인가?

Museum of London Dockland

우뚝 솟은 고층 빌딩숲과 대비되는 이 갈색 건물 한번 보실까요?

뮤지엄 오브 런던 도클랜드

와, 정말 무슨 영화 세트장에 온 것 같네요. 현대식 건물 사이에 과거의 유산을 소환해 온 것 같아요.

정확하게 말하자면, 과거의 유산 위에 이 빌딩숲을 올려놓은 거라고 보면 더 맞을 것 같아요. 이 부두와 함께 있는 갈색의 창고 같은 건물은 뮤지엄 오브 런던 도클랜드(Museum of London Dockland)라고 불리는 박물관입니다. 이곳은 런던 박물관의 일부로 운영되고 있는데, 런던 항구의 역사와 이 도클랜드 커뮤니티들의 역사를 1600년대부터 현재까지 보여 주고 있습니다. 엘리자베스 1세 시대였던 1600년도에 해양 강국으로서의 영국의 역사가 시작되었거든요. 그해에 바로 동인도 회사가 설립됐고, 어쩌면 대영 제국의 시작은 그때부터였다고 할 수 있겠습니다. 이 박물관 건물은 그 식민지 무역의 전성기 시절 웨스트 인디아 도크(West India Docks)의 웨어하우스 건물 그대로를 리모델링해서 사용하고 있습니다. 이 건물 정면을 한번 보세요. 창의 크기가 올라갈수록 작아집니다. 그 옆에 검은색은 크레인이구요. 물건을 올릴 때 당연히 작은 게 가볍겠죠. 물론 현대의 크레인처럼 엔진으로 구동되는 거라면 상관없겠지만, 인부들이 줄을 당겨서 쓰던 도르래 방식이라 위로 올라갈수록 작은 상자가 적재되었습니다. 그 결과 적재 창고 크기는 올라갈수록 작게 만들어 공간 활용을 한 것으로 보입니다. 현재는 그 입구를 리모델링하면서 창문으로 개조한 거고요.

과거의 크레인이 그대로 있는 모습

어느 하나 이유 없이 만들어진 것이 없네요. 참으로 디자인은 과거의 흔적을 보여 주는 열쇠 같다는 생각이 드네요. 그나저나 1600년에는 동인도 회사가 생겼다고 하셨는데 왜 여기는 웨스트 인디언 도크인가요?

아메리카 대륙을 처음 발견한 사람이 크

리스토퍼 콜럼버스라는 건 모두 다 아시죠. 그러나 그는 그 대륙이 죽을 때까지 인도라고 생각하고 그 카리브해 지역을 웨스트 인디아라고 명명했습니다. 그의 실수에서 나온 웃지 못할 역사죠. 아메리카 대륙 식민지에서 가장 거대했던 미국이 1776년 독립해 나간 후에도 여전히 영국은 아메리카 대륙에 캐나다, 자메이카, 도미니카, 기아나, 버진아일랜드 등 여러 식민지를 오랫동안 다스렸고, 영미 간의 무역은 계속되었기에 이곳은 그 카리브 연안 서인도 제도 지역과의 무역을 담당하던 중요한 항구 시설이었습니다. 이 건물은 1802년에 지어졌는데, 서인도 제도에서 오는 가장 중요한 물품인 설탕이 보관되던 곳입니다. 플랜테이션이라 불리는 대규모 농장에서 사탕수수를 생산했고, 그때 동원되었던 노동력은 바로 아프리카 흑인 노예들이었죠. 그래서 이곳에는 과거의 영광을 추억하는 해상 무역에 관한 전시들과 과거의 과오를 반성하는 흑인 노예 관련 전시들이 있습니다. 영국은 1833년에 미국은 1865년에 노예 제도가 폐지되었는데도 최근에 BLM(Black Lives Matter) 이슈가 있었듯이 영국 사회는 그 노예 무역을 부끄러운 역사로 인식하고 지금도 계속해서 시정해 나가고 있습니다. 그 예로 런더너들은 이 웨스트 인디아 도크의 창업자이자 악명 높았던 노예상 로버트 밀리건(Robert

노예상 로버트 밀리건의 조각상 철거 전 모습

20. https://www.flickr.com/photos/60967415@N04/5805176396/in/photolist-9QZ3Gd-4VPhxw-5vDgDu-MCd7nb-2jbwNgX-CBPW8-2jazCE1-5tiGpZ-2diZXCi-2menHKk-aQqJ2D-aQqLFD-2k5wxc1-aQqZ4R-2ja4npm-cZa5yW-cZa5Xd-ozyPAK-aQqNNK-SCbkY2-23CHatp-9biKF4-9rLSeZ-9yiHty-2jaRKCZ-bx646J-k6Ayzz-6byeKc-4VK3NH-arDQrf-7D4PzS-7CZYWV-ow57R2-3cYs5W-8oVKC8-CwthYB-53R66e-2iEyqSw-2iEysX3-2iEyqXm-cX9qt5-cZa4Wu-2jaQntr-2k9hmJY-2kW8NEk-cC627A-2g9TzUa-2g9U477-2g9TA3S-2g9U3L2

Milligan)의 조각상을 작년에 철거했습니다. 물론 그냥 내려진 건 아니고 온갖 조롱과 비난과 함께 끌어내려졌습니다.

노예상 로버트 밀리건의 조각상 철거 당시 모습
그의 부끄러운 업적이 BLM 문구로 가려져 있다 (2020년 6월).

이 박물관 안에는 아프리카와의 초기 무역과 노예 무역업자들의 활동, 카리브 지역 영국 식민지의 플랜테이션 농장, 노예 무역과 노예 제도 폐지에 대한 저항과 운동 등도 상세히 전시하고 있습니다. 심지어 흑인 노예 폐지법 초안과 폐지 운동을 위해 제작된 18세기의 현수막과 원고 인쇄물 등도 있습니다. 역사를 잊은 민족에게 미래는 없다(a nation that forgets its past has no future)는 윈스턴 처칠의 말은 아마도 과거의 영광만이 아니라 과거의 잘못도 함께 기억하자는 말일 것 같습니다.

그들의 부끄러운 잘못들을 그대로 보존하고 그 위에 미래를 쌓아 간다는 점이 인상 깊습니다. 그럼 이제 미래로 돌아가나요? 백 투 더 퓨처

21. https://commons.wikimedia.org/wiki/File:Statue_of_Robert_Milligan,_West_India_Quay_on_9_June_2020_-_statue_covered_and_with_Black_Lives_Matter_sign_02.jpg

정보

플랜테이션(Plantation)

서양인이 자본과 기술을 제공하고 열대 지방의 극악한 노동 환경에 견딜 수 있는 원주민과 흑인 노예들의 값싼 노동력을 이용해서 단일 경작을 하는 대규모 농장 경영을 가리키는 용어다. 주로 사탕수수와 커피, 카카오, 목화, 담배, 바나나, 향신료, 고무, 차 농장 등이 그것이다. 한인 이민 1세대인 하와이 이민자들의 슬픈 역사도 이 플랜테이션이라는 단어가 포함된다.

인물

로버트 밀리건(Robert Milligan, 1746~1809)

22. https://commons.wikimedia.org/wiki/File:Portret_van_Robert_Milligan_McLane_Robert_M._McLane_(titel_op_object),_RP-F-2001-7-926-35.jpg

스코틀랜드 상공 회의소의 임원이었으며 1768년부터 1779년까지 자메이카의 킹스톤 지역에서 거상으로 활동한다. 이후 런던으로 옮겨와서 웨스트 인디아 도크의 창립자가 되고 1809년 사망할 때까지 그는 526명의 흑인 노예를 소유했던 노예 무역상이었다. 웨스트 인디아 도크의 설립에 대한 공로로 사후에 바로 조각상 제작에 들어갔고, 대영 박물관의 페디먼트 조각으로 유명한 조각가 리차드 웨스트 마코트가 직접 제작했다. 이 조각상은 웨스트 인디언 도크의 정문 앞을 2020년까지 지키다가 BLM(Black Lives Matter) 운동과 함께 철거되었다.

Place 18.

스타워즈에 등장하는 우주 정거장

Crossrail Place

♬ 스타워즈 OST

갑자기 스타워즈 메인 테마가? 런던하고 스타워즈가 관련이 있나요?

네, 조지 루카스 감독의 스타워즈 시리즈 영화 〈로그원〉에서 바로 이곳 카나리 워프 지하철역이 우주 정거장으로 나옵니다. 그만큼 카나리 워프역은 우리가 일반적으로 생각하는 지하철역이 아니라는 말씀입니다. 지하철역이 아니라 우주 정거장이라고 생각될 만큼 디자인이나 스케일이 대단합니다.

앞에서 설명해 드렸다시피, 카나리 워프는 새로운 경제 중심지가 되었는데 그러다 보니 이 지역으로 출퇴근하는 유동 인구가 엄청납니다. 그래서 카나리 워프에는 런던 도심과의 연결을 위해 세 개의 대중교통 라인이 지나가도록 계획되었습니다. 런던 지하철 주빌리 라인, 도클랜즈 경전철(DLR, Docklands Light Railways) 그리고 신설 크로스레일 이 세 개 라인을 효율적으로 운용하기 위해 총 3단계의 개발 계획을 세우고, 그에 따라 매우 크고 복잡한 구조의 최첨단 역이 지어졌습니다.

DLR 카나리 워프역

계획의 1단계로 카나리 워프와 런던 동부를 연결하는 DLR이 개통되었는데, 카나리 워프 경제를 쥐락펴락하는 투자 은행 직원들이 런던 동부 지역에서 출퇴근하는 것을 도우려는 목적이 컸다고 합니다. 원래 DLR 최초 개통일에 맞춰 원 캐나다 스퀘어 지하 쇼핑몰로 들어오는 구조로 같이 개통하려 했는데, 도클랜드 지역을 개발해 놓고 유동 인구를 보니 잘못하면 수요가 터져 나갈 수 있겠다고 판단해 개통을 미루고 설계 변경을 감행할 수밖에 없게 됩니다. 결국 1991년 지금의 JP Morgan 빌딩을 통과해 지나가는 고가 도로 위 유리 돔 형식의 역으로 완공되어 운행을 시작했습니다. JP Morgan에서 일하는 사람들은 엎어지면 코 닿을 200m 거리에서 지하철을 바로 타고 시내로 나갈 수 있는지라 이래서 "투자 은행이 최고의 일자리다"라는 말이 나올 정도입니다.

주빌리 라인 카나리 워프역 내부

지하철역은 계획의 2단계로 1999년 런던 지하철 주빌리 라인의 연장 개통 때 문을 열었습니다. DLR역 고가 도로에서 도보 4분 거리에 지어졌으며 몇십 년씩 묵어 때가 낀 대부분의 런던 지하철역과 다르게 지역의 분위기, 유저의 니즈를 고려해 깔끔하고 모던하며 '엘리트 은행가'의 느낌이 풍기도록 만들어졌습니다. 런던 도심 워털루역까지 급행으로 13분 만에 도달할 수 있으며 매년 4,000만 명이 넘는 승객이 이용합니다. 런던 지하철 중 환승역이 아닌 역으로는 가장 많은 수치입니다. 원래는 개발 계획이 없었다가 DLR역의 수요가 예상치를 한참 웃돌고 런던 중심부로 더 빠른 연결편이 필요함을 느낀 런던교통국(TFL, Transport for London)의 계획으로 건설되었습니다. 디자인은 역시 노먼 포스터가 담당했으며 원 캐나다 스퀘어 지하 쇼핑몰과 웨이트로즈(Waitrose) 대형 마트와도 연결되어 있습니다. 영국에는 웨이트로즈 이펙트라는 말이 있습니다. 웨이트로즈는 영국의 대형 마트 브랜드인데, 매출 규모로 따지면 영국에서 8위에 해당되지만 영국 왕실에 식자재를 납품하는 브랜드이기에 브랜드 신뢰도는 언제나 1위입니다. 이 웨이트로즈가 마트로 들어오면 주변 땅값이 상승한다고 합니다. 타 마트보다는 사이즈가 좀 작은데, 이곳 카나리 워프 지하에 런던에서 가장 큰 웨이트로즈 대형점이 오픈하게 되면서 주거 공간으로서의 기능이 전혀 없는 시티 지역과는 다르게 이곳은 주거 공간으로서도 인기가 높아지고 있습니다. 실제로 영국에서 제일 고액 연봉을 받는 뱅커들이 강변뷰 아파트에서 새로운 주거 문화를 만들어 가고 있습니다. 후문에는 세계적인 톱스타들도 이곳으로 이사 오고 있다고 합니다.

첨단 시티에 걸맞은 카나리 워프 웨이트로즈 건물(좌), 크로스레일 카나리 워프역 외관(우)

계획의 3단계로 2015년 '크로스레일 플레이스(Crossrail Place)'라는 인공섬이 지어졌습니다. 영국 철도 공사는 런던과 주변 위성 도시 및 변두리 거주 지역들, 런던 밖으로 나가는 국철 노선들까지 순환선으로 한 번에 엮어버리려는 광역 전철/기차 노선 크로스레일 프로젝트를 진행 중인데, 이 중 히드로 공항~런던 동부 화이트 채플역을 지나 카나리 워프까지 연결하는 노선이 신규 개통되었습니다. 이에 따라 신설된 광역 전철역으로 미래 지향적인 느낌을 주고 있습니다.

카나리 워프역의 지상 역사가 바로 이 인공섬 위에 떠 있는 구조인데, 이 자리는 과거 대영 제국 시절 서인도 회사 상선들이 정박하던 자리입니다. 노먼 포스터의 Foster & Partners가 디자인한 이 역사는 영국에서 가장 큰 스케일의 철제 구조물로 돔 형식의 지붕이 덮여 있는 미래 지향적인, 마치 우주선을 연상하게 하는 디자인으로 2015년 대중에 첫선을 보였으며 지붕 돔 아래에는 시민들을 위한 작은 실내 가든이 있습니다. 또한, 역사 건물 안에 영화관과 쇼핑센터도 갖추고 있고요.

크로스레일 플레이스와 카나리 워프역

와, 정말 설명을 듣고 보니 우주 정거장 같이 생겼네요.

네, 그것도 스타워즈에나 나올 법한 미래 지향적인 우주 정거장이지요. 그러나 저는 이 카나리 워프의 빌딩숲에서 여유를 느껴 보고 싶으시다면 인공섬 위에 조성된 실내 가든을 추천합니다. 일단 이곳은 도심 속에서 곳곳에 운하가 흘러 자연 친화적인 느낌이 물씬 납니다. 특히 이 크로스레일 플레이스에 있는 옥상 정원 속에 들어가 보면, 나무와 풀들 사이로 햇빛과 바람을 느끼며 산책하기 좋게 꾸며져 있습니다. 이 옥상 정원에 가려면 카나리 워프역에서 내려 원 캐나다 스퀘어까지 가서 그 앞에 있는 노스 콜로네이드 길에 있는 애덤스 브리지를 통과하시면 됩니다. 이곳은 실내이면서도 자연 채광과 급수를 하기에 인공적으로 채광과 물 주기를 하지 않아도 되도록 자연 친화적으로 설계된 것이 특징입니다.

정보

도클랜즈 경전철(DLR, Docklands Light Railway)

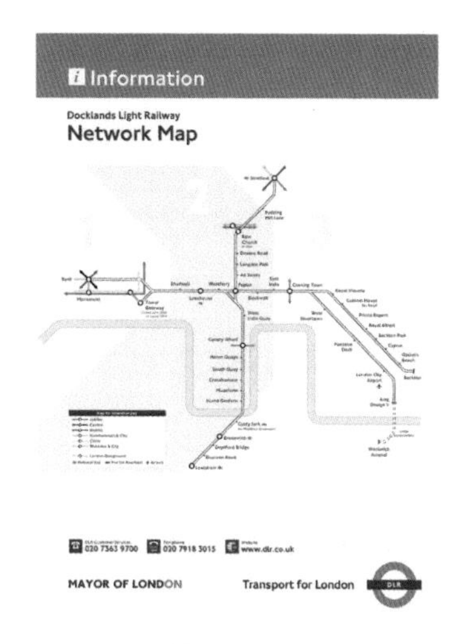

도클랜즈 경전철 노선도

도클랜즈 경전철은 영국 런던 동부 도클랜드의 재개발된 지역을 달리는 경전철로 1987년 8월 31일에 개통되었다. 도클랜즈 경전철은 런던에서 처음으로 자동화된 철도 노선으로 무인 운전으로 운행되며 24마일(약 39km)의 선로, 45개의 역을 가지고 있다. 그리고 6개의 지선이 있으며 북쪽으로는 스트랫퍼드, 남쪽으로는 루이샴, 서쪽으로는 뱅크와 타워 게이트웨이, 동쪽으로는 벡턴, 런던 시티 공항과 울위치 아스날까지 운영된다. 도클랜즈 경전철의 선로와 열차는 런던 지하철과는 호환되지 않지만 두 시스템은 운임 시스템을 공유하고 런던 지하철 노선도에 나타나 있다.

Place 19.

빅벤의 오마주

One Canada Square

♬ Beatles
- Hey Jude

카나리 워프에서 가장 높은 빌딩이 어떤 빌딩인지 아세요?

글쎄요. 여긴 고층 빌딩이 많은데, 어떤 게 제일 높은 빌딩인지는 모르겠네요.

카나리 워프에서 가장 높은 마천루는 바로 지금 보고 계시는 원 캐나다 스퀘어(One Canada Square)입니다. 카나리 워프의 심장부 초고층 빌딩으로 현재 영국에서는 두 번째, EU에서 여덟 번째로 높은 빌딩입니다. 1991년 아르헨티나 건축가 시저 펠리에 의해 240m, 50층 높이로 디자인되었습니다. 이 지역의 높은 수요로 지난 20년간 언제나 100% 임대율을 달성해 왔다고 하네요.

그런데 왜 이름이 원 캐나다 스퀘어인가요? 캐나다하고 무슨 상관인 거죠?

네, 맞습니다. 이 빌딩 이름의 유래는 시공사의 국적을 딴 겁니다. 이 빌딩의 시공사는 Olympia & York라는 회사인데 캐나다 기반의 건설 회사로, 자신들의 출신지를 나타내고 싶어 해 One Canada Square라고 명명했습니다. 이들이 상당수의 근대 카나리 워프 건물들을 건설했기에 해당 지역의 많은 빌딩 이름에 모두 캐나다가 들어가게 되었습니다.

하하 제 추측이 맞았군요~ 런던에는 캐나다 자본도 많이 투자되어 있군요.

네, 캐나다뿐만 아니라 서구의 많은 나라의 자본이 투자되어 있습니다. 디자인적으로는 뉴욕의 월드 파이낸셜 센터와 런던의 빅벤의 모습을 현대적으로 재해석해 조합했다고 합니다. 그렇게 생각하고 보면 확실히 초고층 금융 빌딩인데 그 외벽 모습이 빅벤의 느낌을 주기도 하는 게 오묘하기까지 합니다. 실제로 이 빌딩의 설계자인 시저 펠리는 "벽면 마감 재료를 주의 깊게 연구한 결과 런던의 분위기에 잘 맞아 보이는 리넨 마감 처리된 클래드 스테인리스 스틸을 선택했습니다."라고 말했다고 하네요. 그리고 신설 크로스레일 이 세 개 라

원 캐나다 스퀘어

인을 효율적으로 운용하기 위해 총 3단계의 개발 계획을 세우고, 그에 따라 매우 크고 복잡한 구조의 최첨단 역이 지어졌습니다.

그래서 상당 부분을 고강도 스테인리스 스틸로 만들었는데, '런던의 고풍스러운 모습과 잘 녹아들게 보이기 위한' 최선의 선택이었던 것이죠. 이 빌딩의 가장 특징적인 모습은 최상층부에 있는 피라미드 형태의 지붕입니다. 피라미드 형태의 지붕은 40m 높이에 100t의 거대한 구조물입니다. 과거와 현재가 공존하는 디자인 콘셉트이며 많은 문화권에서 피라미드는 하늘과 땅을 잇는 매개체로 여겨지기에 초고층 빌딩과 잘 맞아떨어지는 상징성이라 생각해 피라미드 모양으로 지붕을 만들었다고 합니다. 자세히 보면 비행기 충돌 방지 경고등이 피라미드 꼭대기에서 반짝이는 걸 보실 수 있는데요, 이는 초고층 빌딩이 타 대도시에 비해 적은 런던에서 상당히 드문 풍경입니다.

원 캐나다 스퀘어 빌딩 옥상의 피라미드

또한, 피라미드 안에 창문 청소용 자동 로봇이 보관되어 청소 때마다 외벽 레일을 따라 자동으로 움직이며 청소합니다. 상당히 첨단 기술로 창문 하나 닦는 데 2.6초밖에 걸리지 않는다고 하네요. 원래 5층이 더 있어 빌딩 전체 높이를 260m가량으로 만들어 영국에서 가장 높은 빌딩이 될 예정이었는데, 근처 런던 시티 공항에 이착륙하는 비행기들의 안전 문제로 지금의

240m 높이로 수정된 히스토리도 갖고 있습니다.

아, 인근에 공항이 있나 봐요. 런던에 공항이 많네요.

네, 런던은 국제공항이 무려 히드로, 개트윅, 스텐스테드, 루튼, 사우스엔드, 런던 시티 이렇게 6개가 있고, 터미널은 11개가 있는 세계에서 방문객이 가장 많은 도시입니다. 우리나라는 인천과 김포 그리고 성남 서울 공항까지 합해 터미널이 4개가 있는 것과 비교가 좀 되지요. 그중에 경제 중심지가 시티와 카나리 워프라서 시티 공항은 아주 작은 비행장 수준이지만 시티에 접근성이 좋아서 그대로 유지하고 있습니다.

런던에 사람이 많다 많다 했는데, 세계에서 방문객이 가장 많은 도시인 줄은 이제 처음 알았네요. 그건 그렇고, 빅벤 닮았다는데 사실 좀 뚱뚱하게 생겼어요.

네, 그렇죠. 사실 높이가 수정되면서 입주할 사무실들의 면적이 작아지자 임대 수익이 예상치를 밑도는 것을 염려한 시공사는 각 층의 면적을 최대한 넓히게 되었는데, 덕분에 원래 계획했던 것보다 빌딩이 꽤 뚱뚱해졌다고 하지요. 만일 높이 규제가 아니었으면 지금보다 슬림한 모습이 되었을 것입니다.

이 빌딩에는 몇 가지 최신 공법들이 적용되었는데, 앞서 설명한 자동 창문 청소 머신, 빗물을 모아 재활용하는 시스템, 여름철 냉방 가동 시 주위 공기가 너무 뜨거워지지 않도록 밖으로 배출되는 공기를 한 번 응축하는 기술, 얇게 금속으로 창문을 코팅해 자외선을 차단하고 단열 효과를 높인 기술, 레이저를 장착해 외벽 전체를 디스플레이로 쓸 수 있는 기술, 화재 발생 시 강한 풍압을 발생시켜 불이 번지는 것을 자동으로 차단하는 기술, 바람이 심할 때 내장된 자이로미터로 빌딩을 바람 반대 방향으로 33cm가량 흔들어 건물에 오는 부담을 줄이는 기술 등이 적용되었습니다.

와~ 각종 첨단 기술이 들어간 최첨단 빌딩이네요.

30년 전에 이 빌딩이 지어졌을 때는 정말 모두가 놀란 최첨단 하이테크가 동원된 빌딩이었습니다. 하지만 디자인에 대해서는 유명인들의 비판이 꽤 있었습니다. 찰스 왕세자는 '저런 모습의 빌딩에서 일한다면 미쳐버릴 것'이라고 평했으며 마가렛 대처 전 수상은 '매력 없는 디자인'이라 평했다고 하네요.

그리고 지역이 지역이니만큼 원 캐나다 스퀘어 역시 사무용 건물로서 지어졌는데, 1층은 쇼핑몰이 있어 일반인들도 들어갈 수 있지만 초고층 빌딩으로서는 드물게 전망층이 없어 안타깝게도 1층을 제외한 구역에는 일반인이 출입할 수 없습니다. 사무 공간에는 엑센츄어, HSBC UK, 아부다비 국립은행, Revolut, UBS, UCL, Telegraph 등 글로벌 회사들이 입주해 있습니다.

시저 펠리(César Pelli, 1926~2019)

시저 펠리는 세계에서 가장 높은 건물과 다른 주요 도시 랜드마크를 디자인한 아르헨티나 건축가다. 그의 가장 유명한 건물 중 하나는 쿠알라룸푸르의 페트로나스 타워와 뉴욕시의 세계 금융 센터다. 1991년 미국 건축가 협회(American Institute of Architects)는 그를 가장 영향력 있는 10명의 미국 건축가로 선정하였고, 1995년에는 AIA 금메달을 수여했다. 2008년 세계초고층도시건축학회(the Council on Tall Buildings and Urban Habitat)는 평생 공로상을 수여했다.

펠리는 1926년 아르헨티나 산 미구엘 데 투쿠만에서 태어났다. 펠리는 투쿠

23. https://commons.wikimedia.org/wiki/File:C%C3%A9sar_Pelli_(cropped).jpg

만 대학교에서 건축을 공부했다. 그는 1949년에 졸업한 후 저비용 주택 프로젝트를 설계했다. 이어 1952년, 미국 일리노이 대학교 건축학과에서 건축학을 전공하고 1954년 건축학 석사 학위를 받았다.

Place 20.

리먼 브라더스 사태의 여파

25 Bank Street

♬ Coldplay
- Fix You

혹시 리먼 브라더스 사태를 아시나요?

네, 2008년 세계 금융 위기 때 망한 회사 아닌가요?

네, 맞습니다. 2007년 발생한 서브프라임모기지 사태로 2008년 파산 신청을 할 당시 리먼 브라더스 홀딩스는 골드만삭스, 모건스탠리, 메릴린치의 뒤를 이은 미국 4위의 글로벌 금융서비스 업체였습니다. 미국 금융 회사인 리먼 브라더스는 헨리 리먼, 에마뉴엘 리먼, 메이어 리먼 삼 형제에 의해 1850년 설립되었습니다. 당시 면화가 시장에서 높은 가격에 거래되자 면화사업으로 회사를 시작했구요. 만형 헨리가 1855년 병사하자 나머지 두 형제는 중개업에 뛰어들었습니다. 그 뒤 철도 사업에 필요한 자금을 모으기 위해 다시 금융업을 시작했구요.

승승장구하던 리먼 브라더스는 1929년 미국 대공황과 금융 위기에 큰 어려움을 겪기도 했지만, 이 위기를 벤처 캐피털 사업으로 이겨냈습니다. 그래서 1970년대 중반에는 살로몬 브라더스, 골드만삭스, 퍼스트보스턴에 이어 미국 내 4위의 투자 은행이 되었습니다.

리먼 브라더스 현판

그들의 주 사업 분야는 투자 금융, 자산 경영, 개인 금융 및 자산 관리 서비스 등이었는데, 리먼 브라더스 홀딩스의 주요 계열사로는 리먼 브라더스(Lehman Brothers Inc.), 노이버거 베르만(Neuberger Berman Inc.), 오로라 대출 서비스(Aurora Loan Services, Inc.), SIB 모기지(SIB Mortgage Corporation), 리먼 브라더스 은행(Lehman Brothers Bank), 이글 에너지 파트너스(Eagle Energy Partners), 크로스로즈 그룹(Crossroads Group)이 있었습니다. 뉴욕에 본사를 두고 런던과 도쿄에 거점본부를 운영했었지요.

24. https://commons.wikimedia.org/wiki/File:25_Bank_Street_Plaque.jpg

그러던 중 2008년 9월 15일 리먼 브라더스가 갑자기 파산 신청을 접수하자 불안이 커진 글로벌 시장에서 대규모 고객 이탈, 주가 폭락, 자산 가치 하락이 이어지면서 리먼 브라더스는 파산하게 됩니다. 리먼 브라더스 파산은 미국 역사상 최대 규모의 기업 파산으로 파산 보호를 신청할 당시 자산 규모가 6,390억 달러였다고 합니다. 리먼 브라더스의 파산은 그 전해인 2007년에 발생한 서브프라임모기지(비우량 주택담보대출)의 후유증으로 우려만 무성했던 미국발 금융 위기가 현실화된 상징적인 사건이었습니다. 부동산 가격 하락으로 가치가 떨어지고 있는 금융 상품에 대한 과도한 차입과 악성 부실 자산으로 촉발된 리먼 브라더스 사태의 영향은 전 세계로 급속히 확산되었지요.

결국 같은 해 9월 16일 리먼 브라더스 홀딩스의 북미 지역 투자 은행 및 거래 부문, 뉴욕 본사 건물은 바클레이즈에 인수되었고, 일본, 홍콩, 호주에 있던 리먼 브라더스 홀딩스의 아시아 지역은 노무라 증권에 인수되면서 리먼 브라더스 사태는 종말을 고하게 되었지요.

25 뱅크 스트리트 빌딩
리먼 브라더스의 HQ에서
현재 JP 모건 체이스의 HQ.

아, 그런데 미국에 있었던 리먼 브라더스 사태는 왜 말씀하시는 건지요?

리먼 브라더스를 여기서 얘기하는 이유는 바로 리먼 브라더스의 유럽 본사가 이곳 25 뱅크 스트리트(25 Bank Street) 빌딩에 있었기 때문입니다. 리먼은 이 빌딩을 완공한 2004년부터 파산할 당시인 2008년까지 전 층을 사용했었습니다. 2008년 9월 15일 미국의 투자 은행 리먼 브라더스 파산에서 시작된 글로벌 금융 위기 후유증은 엄청났습니다. 리먼 브라더스 파산은 미국 역사상 최대 규모의 기업 파산으로, 그 후유증은 바로 이곳 런던에도 미쳤습니다. 당시 이곳의 리먼 브라더스 유럽 본사에는 약 5,500명의 직원이 근무하고 있었다고 하는데요, 그들은 모두 하루아침에 실직자가 되었습니다.

지금은 JP Morgan 본사가 들어와 있어서 JP Morgan 빌딩이라 불리고 있습니다. 이 빌딩도 원 캐나다 스퀘어와 마찬가지로 시저 펠리에 의해 건축되었으며, 153m 33층 높이의 현대식 고층 빌딩입니다. 외부에 장식 목적으로 노출된 스테인리스 스틸 구조물과 건물 전체를 덮고 있는 유리가 인상적인 디자인이며 쇼핑몰과 지하로 연결됩니다.

Place 21.

두 마리의 사자상이 지키는 빌딩

8 Canada Square

♬ Sting
- Fields of Gold

혹시 트라팔가 광장에 가 보셨나요?

네, 내셔널 갤러리가 있고 뭔가 로맨틱한 분수대가 있는 광장 아닌가요?

네, 맞습니다. 혹시 그 트라팔가 광장에 있는 사자상을 보셨는지요? 트라팔가 광장은 시간이나 날씨, 계절을 막론하고 관광객들로 붐비는 런던의 대표적인 명소이지요. 트라팔가 광장의 돌기둥 위에 우뚝 솟은 넬슨 제독의 동상은 트라팔가의 상징이자 이곳을 중심으로 영국 전역으로 뻗어 나간 길들의 중심이 되는 제로 포인트가 있는 지점입니다. 광장 한가운데 있는 넬슨 제독은 잘 아시다시피 1805년 전 유럽을 점령해 나가던 프랑스의 나폴레옹과 스페인의 연합 함대에 맞서 스페인 트라팔가 곶에서 영국 함대를 이끌고 승리를 거둔 분입니다. 넬슨 제독은 이 전투의 승리를 마지막으로 전장에서 전사합니다. 아직도 영국 사람들은 나폴레옹과의 워털루 전투에서 승리한 웰링턴 장군, 2차 대전을 승리로 이끈 처칠 수상과 함께 넬슨 제독을 가장 존경하는 영국인으로 꼽고 있습니다.

넬슨 제독의 동상 아래 네 귀퉁이에는 네 마리의 사자 동상이 있습니다. 그 사자 동상들은 주로 여행자들이 올라가 기념사진을 찍거나 아이들이 놀이터로 여겨질 만큼 친근한 이미지인데요, 이 네 개의 사자 동상은 영국의 유명한 화가 에드윈 랜드시어가 만든 것입니다. 랜드시어는 동물, 특히 개 그림을 잘 그리는 것으로 유명한데 동물을 잘 그렸기 때문인지 그에게 사자 동상 제작 의뢰가 들어오게 됩니다. 그런데 그는 사자를 한 번도 본 적이 없다고 합니다. 그래서 동물원에 가서 열심히 드로잉 연습을 해서 사자 동상을 만들었다고 하는데, 그가 개를 그리던 화가이다 보니 사자도 좀 야생성이 적고 귀여운 강아지 느낌이 난다는 비판이 있지요.

아무튼 이 사자 동상들은 넬슨 제독이 격파한 프랑스-스페인 연합 함대에서 뺏은 무기와 대포들을 녹여서 만들었다고 합니다. 그래서 프랑스 사람들은 올라가서 웃으며 찍은 사진을 SNS에 올리면 안 된다는 후문도 있습니다. 믿거나 말거나~

그런데 영국은 사자를 좋아하는 거 같아요. 영국에 사자가 사나요?

영국은 위도가 높아서 사자가 서식하는 나라가 아닙니다. 사자는 보통 기온이 따듯한 남아프리카, 동아프리카 같은 사바나 지역에 주로 삽니다. 그런데 영국이 사자를 좋아하게 된 것은 사자왕 리처드 1세 때문입니다. 리처드 1세는 재위

10년 동안 국정은 안 돌보고 당시 십자군 원정에 참전하여 명성을 날린 것으로 유명하지요.

국회의사당 상원 쪽에 있는 사자왕 리처드의 조각상

네, 사자왕은 들어봤는데 왜 별명이 사자왕이에요?

왜 사자왕이 되었냐 하면 당시 십자군 원정에서 리처드가 사자와 마주쳤던 적

25. https://commons.wikimedia.org/wiki/File:C%C3%A9sar_Pelli_(cropped).jpg

이 있는데 보통 사람은 그 자리에서 얼어붙는데, 리처드는 "You lion? You lion? I'm Richard!" 하고 뚜벅뚜벅 사자에게 겁 없이 걸어갔답니다. 사자가 사자후를 "어흥"하고 날려도 리처드왕은 위축되지 않고 오히려 그 사자의 입을 벌리고 입 안으로 손을 집어넣어 사자의 심장을 꺼내서 "Lion Heart"라고 하면서 죽였다는 전설을 남겼습니다. 그래서 붙여진 이름이 사자심왕 혹은 사자왕이라고 합니다. 물론 전설이지만요. 그때부터 사자왕 리처드의 방패에는 세 마리의 사자가 있는 문장이 새겨지게 되었습니다. 그리고 이 사자의 전통은 아직까지 이어져 영국 축구 국가 대표 팀의 마크도 삼사자입니다. 그래서 영국, 정확히는 잉글랜드 축구 대표팀을 '삼사자 군단'이라고도 하지요.

영국 축구 국가 대표 팀 삼사자 문장

26. https://www.flickr.com/photos/mgarciaandres/14231211010/in/photolist-nFyFe5-2kQEdKg-2kQEcUt-2kQGxSB-2kQDMfY-2kX93jV-2kQmv4P-TRS37J-2kUyqes-2kQmYgR-2kQaLQA-2kJ4bLq-2kJ4bYp-2kQbgcG-2kGEvQD-2m5FkAU-2jZPgpe-2meqKRA-2k1JTLT-2k1JU1k-2kQGxEY-2kQDMdo-dmBELJ-2kQDMQL-2kQEa5H-nravDY-2kJ49pr-2kQE9Md-2kQHUN4-2kQbdXm-2kQbdxU-2kQaJpU-2kQb9tr-2mepyTP-2m2BXYs-2k1Epnh-2mcDG35-2kRFGe9-75zm5A-2meHS2T-2meHS3Q-2gAByx4-2meK42x-2jYwZWL-2meBvWo-2meVP6T-2mf93dS-2k1EoVa-2mfSFBS-2mfiVz9

알겠습니다. 근데 이곳에서 왜 사자 얘기를 하시나요?

네, 바로 이곳에도 영국인들이 좋아하는 사자상이 있습니다. 지금 이 빌딩은 8 Canada Square 빌딩이라고 하는데 저기 사자상 보이시나요?

사자가 두 마리나 있네요.

저 사자 두 마리는 사실 복제품입니다. 1923년, 홍콩의 HSBC 본사 건물 앞에 왜그스태프 (W. W. Wagstaff)라는 영국의 조각가가 HSBC의 의뢰를 받아 HSBC의 수호신으로 제작한 동상입니다. 홍콩의 두 마리 사자상은 당시 HSBC 홍콩의 매니저였던 두 사람의 이름을 따서 "Stephen"과 "Stitt"로 불리고 있습니다. 이 사자상들은 각각 안전과 번영을 뜻하는데, "당신의 자산을 안전하게 불려드리겠다"라는 뜻으로도 해석할 수 있겠네요. 이렇게 사자는 HSBC를 상징하는 동물이 되었습니다.

이런 스토리를 가지고 HSBC의 영국 본사 건물을 2002년에 지상 45층 규모로 건립합니다. 그래서 흔히 HSBC 타워라고도 알려진 8 캐나다 스퀘어 건물은 이름에서 알 수 있듯이 역시 Olympia & York 건설 회사가 시공했지만, 디자인은 노먼 포스터의 Forster and Partners 사에서 담당했습니다. 이는 노먼 포스터가 홍콩 HSBC의 오리지널 HQ 빌딩 설계를 담당했기 때문에 HSBC의 또 다른 한 축인 런던 오피스도 그에게 맡긴 것입니다.

200m 높이의 이 초고층 빌딩은 총 4,900장의 유리 패널들로 빽빽하게 덮여

있으며, 시공식부터 수많은 은행가, 저널리스트, 정치인이 참여해 축하하고 취재할 만큼 많은 관심을 불러일으켰습니다. HSBC는 이 빌딩 건축에 10억 파운드를 투자했다고 하는데, 재미있는 점은 여전히 HSBC가 입주해 있기는 하지만 2008년에 이 빌딩이 우리나라 국민연금 공단에 넘어갔었으며 2014년에는 카타르 투자 공단에 팔렸다는 것입니다.

카나리 워프 HSBC 빌딩(좌), 홍콩 HSBC 빌딩(우)

27. https://commons.wikimedia.org/wiki/File:HSBC_Hong_Kong_Headquarters.jpg

카나리 워프의 사자상(좌), 홍콩의 사자상(우)

우리나라 국민연금이 이 건물을 샀었다고요?

네, 그렇습니다. 우리나라 국민연금은 2008년 리먼 브라더스 사태 이후 런던 부동산 가치 하락과 파운드화 약세로 런던 건물 투자에 관심을 기울였습니다. 그래서 국민연금은 2009년 런던의 HSBC 본사 건물을 매입했는데요, 당시 글로벌 금융 위기로 가격이 고점 대비 30% 떨어진 가격인 약 1조 3,300억 정도에 매입했습니다. 그러다 2014년 카타르투자청에 1조 8,600억 원에 매각하여 매각 차익 5,410억 원에 5년간 4,190억 원의 임대 수익을 올렸다고 합니다. 국민연금은 그 외에도 런던에 88 우드스트리트 건물과 빅토리아 기차역 인근의 포티 건물을 구매했다가 되팔아 상당한 수익을 올리기도 했습니다. 2018년에는 세계 최대의 글로벌 투자 은행인 골드만삭스가 런던에 짓고 있는 유럽 본사 건물을 단독으로 구매하는 우선 협상자에 선정되었는데요, 매입 금액이 13억 파운드(약 2조 원) 정도 된다고 합니다.

28. https://commons.wikimedia.org/wiki/File:HSBC_HK_HQ_lion_Stephen_profile.JPG

카나리 워프 한 페이지 요약

카나리 워프: 1990년대 이후 버려지고 낙후된 지역이었던 카나리 워프를 유럽의 금융 중심지로 탈바꿈시키려는 프로젝트 착수. 해당 지역의 버려진 공장과 창고를 리모델링해 주거, 상업 그리고 경공업 지역으로 대체했고, 특히 교통 체계를 크게 개선하여 버려진 늪지대에서 여의도와 같은 금융 타운 이미지로 급부상하게 됨.

카나리 워프역: 스타워즈 시리즈 영화 〈로그원〉에서 우주 정거장으로 나올 만큼 카나리 워프역은 우리가 일반적으로 생각하는 지하철역이 아니라 우주 정거장이라고 생각될 정도로 첨단적인 디자인이나 스케일로 유명함.

도클랜즈 경전철: 영국 런던 동부 도클랜드의 금융 중심지로 재개발된 지역을 달리는 무인 경전철로 1987년 8월 31일에 개통됨.

도클랜드 박물관: 식민지 무역 전성기 시절 웨스트 인디아 도크의 웨어하우스를 리모델링해서 박물관으로 사용. 대영 제국의 영광을 추억하는 해상 무역에 관한 전시들과 흑인 노예 관련 전시로 이루어짐. 최근 악명 높았던 노예상 로버트 밀리건의 조각상이 철거됨.

원 캐나다 스퀘어: 카나리 워프의 심장부 초고층 빌딩으로 현재 영국에서는 두 번째, EU에서 여덟 번째로 높은 빌딩. 1991년 아르헨티나 건축가 세자

르 펠리(César Pelli)에 의해 240m, 50층 높이로 디자인되었으며 빅벤을 오마주한 건물로 유명함.

JP 모건 빌딩: 2007년 발생한 서브프라임모기지 사태로 2008년 파산한 리먼 브라더스가 있던 건물로 153m 33층 높이의 현대식 고층 빌딩이다. 외부에 장식 목적으로 노출된 스테인리스 스틸 구조물과 건물 전체를 덮고 있는 유리가 인상적인 디자인이며 지하로 쇼핑몰과 연결됨.

HSBC 빌딩: 영국의 상징 동물 사자상이 서 있는 빌딩. 이 사자상은 은행 금고를 지키는 사자라는 신뢰의 상징으로 HSBC의 상징 동물이 됨.

Part 5.

서더크

Southwark

Place 22 Millennium Bridge

Place 23 Tate Modern

Place 24 Shakespeare's Globe

Place 25 South Bank

Place 26 The Shard

Place 27 Guy's Hospital

Place 28 City Hall

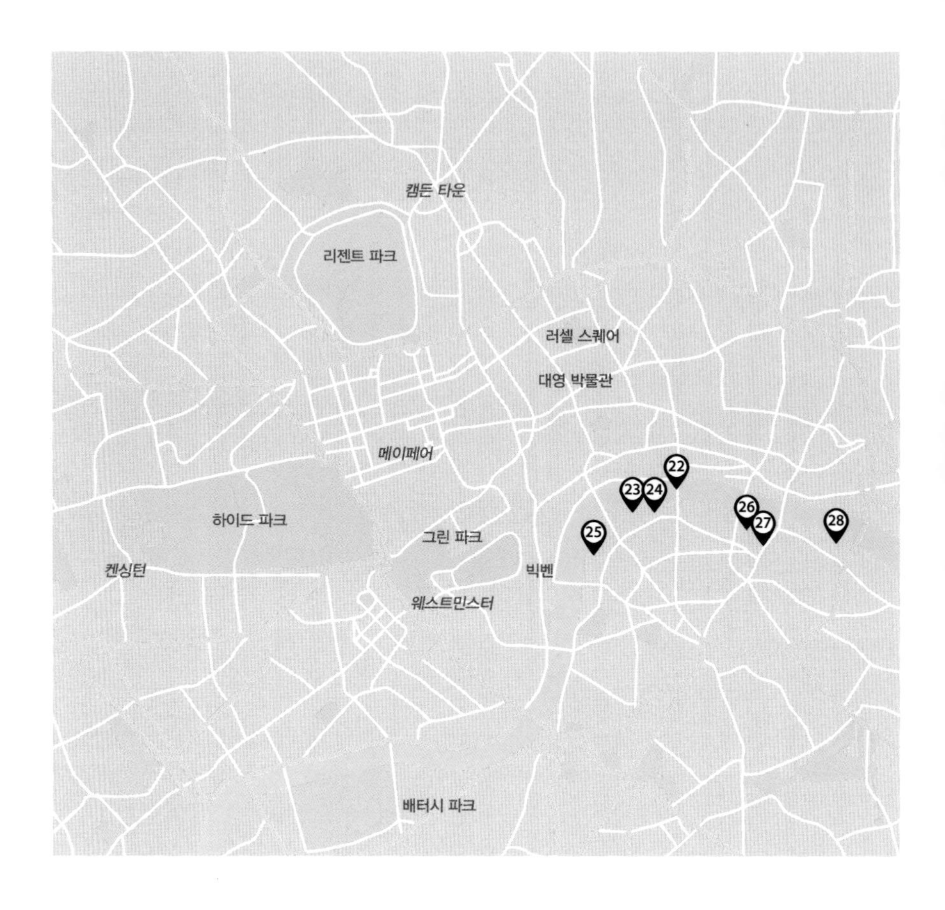

Place 22. 런던의 과거와 현재를 이어주는 다리 Millennium Bridge

Place 23. 화력 발전소에서 21세기 가장 성공한 현대 미술관으로 Tate Modern

Place 24. 가장 영국적인 극장 Shakespeare's Globe

Place 25. 강변 지역이 문화 예술의 중심지로 South Bank

Place 26. 런던의 야경을 한눈에 볼 수 있는 런던 최고의 마천루 The Shard

Place 27. 차가운 건물에 불어넣는 따듯한 디자인 Guy's Hospital

Place 28. 유리 달걀 모양의 친환경 빌딩 선구자 City Hall

Place 22.

런던의 과거와 현재를 이어주는 다리

Millennium Bridge

♬ Handel
- Water Music

자, 이제는 수천 년 동안 런던을 유유히 가로지르며 그 영욕의 세월을 같이 한 강. 바로 템스강을 같이 건너보시겠습니다.

아, 이제 드디어 템스강을 건너게 되는군요. 그럼 템스강 이야기를 해 주시는 건가요?

네, 물론 템스강 이야기도 해 드려야지요. 그 전에 간단하게 영국의 지리에 대하여 설명해 드리겠습니다.

영국은 지형이 중부 잉글랜드는 평원이고, 남서부의 웨일스와 북부의 스코틀랜드는 산악 지대입니다. 중부 잉글랜드 평원은 유럽 대평원의 연속으로 볼 수 있는 평야입니다. 흔히들 템스강이 영국에서 가장 긴 강으로 알고 계실 텐데요, 사실 제일 긴 강은 잉글랜드와 웨일스를 흐르는 세번(Severn)강이 354km로 제일 길고, 템스강은 346km로 두 번째로 긴 강입니다. 옥스포드 같은 상류 지역에서는 요트와 보트 놀이를 많이 하며, 런던 같은 하류 지역에서는 조수의 영향을 많이 받기 때문에 실제 바다처럼 밀물과 썰물이 있습니다.

AC 43년 로마 제국이 도버 해협을 건너 브리튼 섬에 진출한 뒤에, 바로 이 템스강 변에 론디니움(Londinium)이라는 전초 기지를 세웠는데, 여기서부터 런던이 비롯되었고 템스강이 유럽의 역사에 등장하기 시작한 겁니다. 그런데 템스강에 다리가 몇 개 있는지 아세요?

글쎄요… 한 20개쯤 되나요?

네, 템스강 전체로는 약 75개의 다리가 있고, 그중 런던에 있는 다리는 34개라고 합니다. 그럼 런던에 있는 다리 중에서 가장 유명한 다리는 어떤 다리일까요?

그야 물론 런던 브리지 아닌가요?

런던 브리지
과거와 현재

29. https://commons.wikimedia.org/wiki/File:Print_(BM_Heal,Topography.85.a).jpg

런던 브리지 과거와 현재

네, 아마도 아이들이 즐겨 부르는 "런던 브리지 이즈 폴링 다운~ 폴링 다운~"이라는 동요 때문에 그렇게 생각하시는 것 같습니다. 런던 브리지는 제일 오래된 다리이고요(2천 년 전 로마 시대 때 최초로 건설), 제일 유명한 다리는 타워 브리지이지요. 1894년에 도개교로 지어진 타워 브리지는 그 당시 일 년에 6천 번 이상이나 도개교를 들어 올릴 정도로 활발한 물동량 때문에 런던의 명물이 되었습니다. 영화에도 자주 나오는 명물 다리이지요. 최근 영화 〈스파이더맨: 파 프롬 홈〉에서도 타워 브리지가 나오는 장면이 나옵니다.

타워 브리지

타워 브리지 말고도 워털루 브리지도 있는데, 추억의 고전 영화인 비비안 리 주연의 〈애수〉 보셨나요?

들어보기는 했는데 잘 모르겠습니다.

1940년에 만들어진 이 〈애수〉라는 영화의 원제목이 'Waterloo Bridge'입니다. 워털루 브리지에서의 슬픈 사랑 이야기이지요. 이렇게 런던에는 유명한 다리가 많지만 최근 들어서는 밀레니엄 브리지가 가장 핫한 브리지입니다.

아, 밀레니엄 브리지는 처음 들어 보는데요?

영국은 2000년대의 새로운 밀레니엄 시대를 맞이하여 영국의 발전과 도전을 나타낼 수 있는 '밀레니엄 프로젝트'를 실시했습니다. 밀레니엄 브리지, 런던 아이(밀레니엄 휠), 밀레니엄 돔 등으로 구성된 대규모 건축 사업인데 발전소를 미술관으로 개조한 테이트 모던, 미술관 앞쪽으로 템스강을 가로질러 세인트 폴 대성당을 잇는 인도교 밀레니엄 브리지도 이때 건설된 겁니다.

밀레니엄 브리지

밀레니엄 브리지 테이트 모던 방향

밀레니엄 브리지 세인트 폴 대성당 방향

30. https://www.flickr.com/photos/duncanpaterson/17770810154/in/photolist-t5m3Jw-hgJzL8-23tkoSN-q6EajT-pX3pmF-5rY8rk-6W9dg-2cMMwG-ekkTxd-rUaCyJ-2as6rgm-sjT7P5-bu5z5Z-29oYJ7h-NhWrYG-mb8oM2-nWq889-fLNMfw-aaxEU4-aaxGaB-nQusGW-pfAUoM-dCGete-syKRTC-UunCdg-G9cZX4-cG1eFd-4aBmm-23UUSLt-7hSxnH-ecZGih-rVieY1-5b35Fy-z3VJpZ-2db2YTT-bPSq5Z-aaAzpJ-peMeXi-dzKuXe-NyrZb3-4Edwoj-7bLakL-bwggXN-dvnvdu-SKx9N5-m1bVT5-hrbz8u-kQryEo-9tPAvR-8rvCBb

그렇군요. 인도교면 차량 통행은 안 되고 사람이 걸어서 다니는 다리군요?

네, 그렇습니다. 영국의 대표적인 건축가 노먼 포스터가 디자인했으며 밀레니엄 시대에 맞는 현대적인 감각의 독특한 형태를 갖추고 있습니다. 유리로 된 바닥, 굽이치는 듯한 유선형 트러스 구조 등 현대적 소재와 디자인을 적용한 것으로 유명하지요. 이 다리는 수많은 관광객에게 과거와 현대가 공존하고 있다는 느낌을 주고 있는데요, 북단으로는 1000년대의 대표적인 건축물인 세인트 폴 대성당, 남쪽으로는 2000년대의 시작을 알리는 건축물인 테이트 모던을 이어주고 있습니다. 그뿐만 아니라 밀레니엄 브리지는 지역 발전 측면에서 불균형했던 런던의 강남과 강북을 잇는다는 상징성이 있습니다.

영국도 강남과 강북이 격차가 심한가 봅니다.

서울과 마찬가지로 런던은 템스강을 사이로 강북과 강남으로 나누어져 있는데, 우리와는 다르게 런던은 역사가 오랜 강북과 웨스트민스터 지역이 모든 면에서 중심이 되며 크게 발달이 된 반면 강남은 대부분 낙후되어 있었습니다. 그러나 이 밀레니엄 브리지와 더불어 화력 발전소를 리모델링한 테이트 모던 갤러리로 말미암아 세인트 폴 대성당에서 시작된 관광객의 동선은 밀레니엄 브리지를 경유하여 테이트 모던까지 이어지면서 강남 개발의 기폭제가 되었습니다. 이 브리지의 연결로 런던의 강북과 강남의 지역 격차, 갈등이 해소되는 계기가 마련된 것이지요. 뒤이어 런던 아이와 밀레니엄 돔, 런던 신청사 등이 모두 강남 쪽에 지어짐으로써 강북과 강남의 균형 있는 개발을 이루게 된 계기가 되었습니다.

여담으로 이 다리 역시 수많은 영화에서 파괴되는데, 대표적으로 〈해리 포터와 혼혈 왕자〉의 첫 장면부터 죽음을 먹는 자들에 의해 끊어져 버리는 장면이 나오지요. 기억나세요?

네, 기억납니다! 다리가 심하게 출렁대서 나중에 다리가 무너졌던 걸로 기억하는데요.

네, 실제로 영국에서 새천년을 맞아 야심차게 준비한 이 밀레니엄 브리지가 무너질 뻔한 아찔한 순간이 있었습니다. 새천년을 맞이해서 추진한 밀레니엄 프로젝트의 일환으로 아름다운 도보 다리를 건설하고자 밀레니엄 브리지를 영국의 유명한 건축가 노먼 포스터에게 의뢰했습니다. 또 세계 유수의 설계 컨설턴트인 애럽(Arup) 사가 구조 설계를 담당하여 220억 원을 들여서 Y자 형태 교각의 양쪽 끝에 각각 4개의 서스펜션 케이블을 설치하여 화려하면서도 가벼워 보이는 입체감이 있는 다리를 지었습니다. 그리고 마침내 2000년 6월 10일 개통했는데요, 개통 첫날 10만 명의 관광객이 몰려들었고 거기다가 당시 하루 종일 강풍

이 불었다고 합니다. 그런데도 런던 시청에서 보행자 수를 제한하지 않은 겁니다.

보행자 전용 다리라 그렇게 크지 않은데 10만 명이나 몰려요? 그래서 어떻게 되었나요?

사람들이 보통 초당 두 걸음을 걷는데 진폭 7cm의 진동이 발생해서 보행자들의 공포감이 상당했다고 합니다. 그런데 다음 날에는 보행자 수를 제한했는데도 진동이 멈추지 않자, 결국 다리를 폐쇄하고 원인을 조사하게 됩니다. 결국 구조역학 분석 후에 90억 원을 투입하여 가로 방향과 세로 방향으로 총 91개의 댐퍼를 추가 설치하여 2년 후인 2002년에 다시 개통하게 됩니다.

그럼 그 이후는 안전한 건가요?

네, 지금은 매우 안전한 다리가 되어서 런던 시민은 물론 많은 관광객이 찾는 런던의 대표적인 다리가 되었지요. 사실 영국은 다리가 사람의 걸음에 의해 흔들리는 공진 현상(Resonance)을 1831년에 맨체스터 다리 붕괴 사건으로 잘 알고 있었습니다. 그런데도 미적인 부분을 강조하는 현수교를 짓다 보니 이런 일이 벌어졌던 거지요.

1831년 맨체스터 다리 붕괴 사건은 뭔가요?

1831년에 500여 병력으로 구성된 영국군 1개 대대가 맨체스터 인근의 브러튼(Broughton) 현수교를 발맞추어 통과하고 있었다고 합니다. 이때 병사들이 동시에 발을 구르는 진폭이 다리의 진동 폭과 일치하면서 다리를 요동치게 만들었고, 이렇게 흔들림이 증폭된 다리가 붕괴되면서 200여 명이 사망하는 참사가 발생했습니다. 사고를 면밀히 조사해 원인을 알아낸 영국군은 이후부터 다리 위에서는 절대로 발을 맞추지 말라는 지침을 하달했다고 하네요. 영국은 다리 역사에서도 다양한 경험을 한 나라입니다.

공진 현상은 해리 포터의 영화 속 한 장면처럼 실제로 엄청나게 출렁거립니다. 특히 현수교에서 문제가 되는데요, 상판이 긴 현수교가 바람 같은 외부의 충격으로부터 견딜 수 있는 이유는 다리가 가진 고유의 진동 때문입니다. 외부의 압력이 다리에서 발생하는 진동과 만나 분산 상쇄되면서 충격을 견딜 수 있는 것이지요. 그런데 드문 경우지만 다리의 진동과 외부에서 전해지는 충격의 사이클이 우연히 같게 되면 다리를 더욱 요동치게 만들어 무너지게 될 수 있고 실제로 붕괴까지 이어지기도 합니다.

공진 현상을 잡아준 댐퍼 장치
(밀레니엄 브리지 하부 구조물)

그런데 이와 비슷한 일이 지난 2011년 7월에 서울 한복판에서도 있었지요. 지은 지 얼마 되지 않았던 광진구 구의동에 있는 테크노마트 빌딩이 10여 분간 흔들려 입주자들이 긴급히 대피하고 건물이 잠시 강제 폐쇄된 적이 있었는데요, 전문가들이 조사한 결과 12층에 있던 피트니스 센터에서 발맞추어 운동을 하던 사람들의 진동이 증폭되어 건물이 흔들린 것으로 밝혀졌었지요.

정보

밀레니엄 프로젝트

새천년을 맞아 영국은 밀레니엄을 국가 발전의 원동력으로 사용하기 위해 야심찬 준비를 했다. 1995년에 밀레니엄 위원회(the millennium commission)를 설립하고, 3조가량의 기금을 조성했고, 런던 내 200여 개, 전국적으로 3,000여 개의 프로젝트에 분산 투자했다. 그중 대표적인 대규모 공공 프로젝트가 런던 아이(london eye), 밀레니엄 브리지(millennium bridge), 밀레니엄 돔(millennium dome)이다. 런던은 이 프로젝트를 이용하여 낙후되어 있던 템스강 동쪽을 개발시켜 런던의 불균형한 발전을 개선하려 했다. 런던 아이는 도시의 낙후 지역이었던 램버쓰 지구, 밀레니엄 브리지는 도시의 슬럼 지역이었던 써덕과 연결, 밀레니엄 돔은 템스강 동쪽 관문인 그리니치 반도의 버려진 땅에 지어졌다. 영국의 첨단 기술력을 기초로 디자인과 기능을 겸비한 밀레니엄 프로젝트는 템스강 북쪽의 주민들과 관광객을 남쪽으로 유인하는 파급력을 보여 주고 런던의 동진 정책에 힘을 실으며 도시의 재생 원동력이 되었다.

Place 23.

화력 발전소에서 21세기 가장 성공한 현대 미술관으로

Tate Modern

♬ 매치포인트 OST
- You are everything

혹시 우디 앨런 감독이 2005년도에 만든 영화 〈매치포인트〉 보셨나요?

네, 봤습니다. 오래전이라 기억은 잘 안 나지만 스칼렛 요한슨 주연의 영화였던 걸로 기억합니다.

네, 맞습니다. 테니스 강사였던 남자 주인공 조나선 리스마이어스가 여주인공 스칼렛 요한슨을 파티에서 우연히 만났다가 바로 이곳 테이트 모던 갤러리에서 재회하여 치명적인 사랑에 빠지는 영화입니다. 이 영화는 런던 곳곳을 다니며 촬영했는데요, 특히 이곳 테이트 모던에서의 재회 장면은 유명한 장면입니다. 그뿐만 아니라 〈클로저〉, 〈러브 액츄얼리〉, 〈어바웃 타임〉 등 대표적인 영국 영화에 자주 등장하는 미술관입니다. 영국을 대표하는 세계 최고의 현대 미술관이기에 이렇게 많은 영화의 배경으로 쓰이고 있는 것 같습니다.

테이트 모던은 2018년 방문객 수가 590만 명으로 대영 박물관을 제치고 영국에서 가장 많은 방문객이 찾는 관광지로 떠올랐습니다. 하지만 미술관 역사는 이제 20여 년밖에 안 됩니다. 제2차 세계 대전 직후에 전력난을 해소하기 위하여 이곳 템스강 변에 '뱅크 사이드'라는 화력 발전소를 세우게 됩니다. 발전소 건물은 영국의 빨간 공중전화 박스 디자인으로 유명한 건축가 길버트 스콧이 설계했습니다. 그러나 이 뱅크 사이드 화력 발전소는 공해 문제가 부각되면서 1981년 문을 닫게 됩니다. 그 이후 20년간 흉물로 방치되었습니다. 그럼 이 동네가 어떻게 됐겠습니까. 거기에 일하던 수많은 노동자들이 직장을 잃게 되면서 이곳은 희망도 없는 죽음의 땅이라는 별명까지 생겼을 정도로 런던의 유명한 슬럼가가 되어버렸습니다.

그 이후 밀레니엄 프로젝트의 일환으로 발전소를 개조해 2000년에 현대 미술관으로 개관한 것입니다. 스위스 건축가인 헤르초크와 드 뫼롱이 미술관 설계를 맡아 진행했는데요, 내부는 완전히 탈바꿈시켰으나 7층 높이의 발전소 외형은 그대로 보존했습니다. 높이 99m의 굴뚝은 밤이면 등대처럼 빛을 내는 '스위스라이트'로 개조돼 미술관의 상징이 됐구요. 이 발전소가 활기차게 가동되던 그 시절 희망의 불꽃을 다시 살렸다고 볼 수 있죠. 그때는 공업이었다면 지금은 예술로요. 그래서 이 테이트 모던을 세계에서 가장 성공적인 도시 재생 사례로 꼽는 것입니다.

테이트 모던 갤러리 전경

어떻게 화력 발전소를 미술관으로 바꿀 생각을 하게 된 거지요?

발전소가 있기 전부터도 원래 이 지역은 런던 내에서 가난한 지역이었습니다. 그런 곳에 지역 경제를 살릴 발전소가 들어서게 된 거죠. 그런데 사실 1891년 이 지역에 화력 발전소를 짓는 것 자체가 무모한 계획이었다고 볼 수 있습니다. 세인트 폴 대성당과 같은 종교적, 상징적 의미가 지대한 문화재의 바로 맞은편 강변에 매연을 뿜어대는 화력 발전소를 건립하는 것은 거의 있을 수 없는 일이었죠. 결국 1951년에 런던 스모그로 대기 오염의 심각성을 깨닫고 런던은 대기 오염에 관한 법안(Clean Air Act 1956)을 만들었습니다. 그리고 화석 연료로 전기를 생산하는 발전소들은 하나둘씩 문을 닫기 시작합니다.

보통 도시를 재개발한다고 하면 이런 흉물들은 깨끗하게 철거하고 신도시를 만드는 게 일반적일 텐데, 런던은 다른 방법을 택합니다. 19세기부터 도시 전역에 퍼져 나간 산업 도시의 흔적에 문화 예술이란 옷을 입히고 재탄생시킨 것은 획기적인 일이었습니다. 밀레니엄 프로젝트에서 새천년을 위한 현대 미술관 테이트 모던의 건립 장소를 기존 건물인 19세기 화력 발전소로 선정한 것은 정말 참신한 아이디어였습니다. 런던 시내에 대규모의 새 건물을 건립함에 따른 경제적, 사회적 논란을 피할 수 있고 시간도 단축시킬 수 있다는 점에서 정책적으로 효율적인 생각이었던 것이지요. 그래서 뱅크 사이드 화력 발전소가 테이트 모던의 부지가 될 것이라는 발표를 한 직후 국제 현상 공모를 하게 되는데요, 수많은 설계 응모작 중에서 발전소 모양을 그대로 유지한 외형과 함께 독특한 내부 구조를 만든 헤르초크 드 뫼롱의 설계안이 채택되어 현재와 같은 모습으로 건설하게 되었던 것이죠.

화력 발전소를 개조하여 외관도 독특하지만, 내부도 다른 미술관과는 다른가 보죠?

네, 그렇습니다. 내부로 들어가면 발전소의 터빈홀로 쓰이던 곳이 대형 설치 미술을 전시할 수 있는 공간으로 변했고, 천장까지 넓게 뚫린 공간 옆에 갤러리들이 다닥다닥 붙어 있습니다. 길이 150m, 높이 35m의 넓은 공간은 보는 사람으로 하여금 참으로 놀라움을 줍니다. 갤러리 중간에 발코니로 나갈 수 있는 곳이 있는데 여기서는 런던의 웬만한 명소들이 다 보여 사진 찍기에 좋습니다.

테이트 모던 안의 터빈룸

영국의 대표적인 미술관 내셔널 갤러리가 회화 위주로 19세기 이전의 전 세계 작품을 전시한 곳이라면, 이곳은 말 그대로 '모던'한 근현대 미술을 전시한 곳입니다. 근현대 작가 위주이기 때문에 회화뿐만 아니라 미디어, 설치 미술 등 다양하게 구성되어 있습니다. 피카소, 앤디 워홀, 살바도르 달리, 뒤샹, 백남준 등 우리에게 익숙한 20세기의 유명한 작가들 작품이 대거 전시되어 있습니다.

이들 작품을 20세기 전체를 아우르는 4가지 주제, 풍경(사건 · 환경), 정물(오브제 · 실제의 삶), 누드(행위 · 몸), 역사(기억 · 사회)로 나누어 각각 역사적 맥락 속에서 어떻게 변형이 이루어졌는지를 보여줌으로써 현대 미술의 중심을 뉴욕에서 런던으로 옮겨왔다는 평가를 받기도 합니다. 최근의 주제는 '시와 꿈', '소재', '에너지와 프로세스', '흐름'으로 변경되었습니다.

다른 미술관에서는 좀처럼 보기 힘든 대규모 내부 공간을 활용할 수 있기 때

31. https://commons.wikimedia.org/wiki/File:Fons_Americanus,_Tate_Modern,_London,_February_2020_(13).jpg

문에 동시대 최고의 설치 미술 작가들이 꼭 전시하고 싶어 하는 곳이기도 합니다. 또한, 매번 설치 작품이 바뀌기 때문에 사전에 전시 작품을 알아보고 가는 것이 좋습니다. 그리고 전시장 내부 규모가 매우 크기 때문에 한 바퀴 둘러보는데 꽤 많은 시간이 걸립니다. 코로나가 터지기 전에는 우리의 자랑스러운 비디오 아티스트 고 백남준 예술가의 회고전이 있어서 많은 사람이 다녀가기도 했습니다. 이외에도 제가 런던에 살면서 봤던 한국 작가님들의 전시는 이슈 갤러리에서도 다뤘던 서도호 작가님과, 양혜규 작가님, 장영혜 작가님의 전시였습니다. 한국의 문화 예술 수준이 대중문화뿐 아니라 모든 부분에서 세계 정상급이 되었다는 사실에 감개무량합니다.

그럼 테이트 모던의 효과가 상당하겠네요?

네, 앞에서도 말씀드린 것처럼 이제는 대영 박물관과 내셔널 갤러리의 입장 관중을 넘어설 정도로 영국의 대표적인 미술관으로 자리매김하게 되었습니다. 그리하여 밀레니엄 브리지로 연결된 1000년대의 대표작 세인트 폴 대성당과 2000년대의 대표작 테이트 모던은 사람들이 모여드는 대표적인 문화 명소로 탈바꿈되었습니다. 이처럼 이곳은 건축물의 성공적인 리모델링을 통해 멋진 문화명소를 만들고, 낙후된 지역을 되살린 좋은 사례로 널리 알려지게 되었습니다. 이 갤러리의 이미지가 좋

테이트 모던에서 열린 백남준 특별전

아지니 자연스레 후원 기업도 늘었고요. 그중 메인 스폰서가 바로 우리 현대 자동차입니다. 영국인들에게 "현대의 뜻이 뭔 줄 아느냐? 그게 바로 모던이다"라고 하니 재미있어하더군요.

현대 미술과 현대 자동차, 잘 어울리는 조합이네요. 그나저나 테이트 모던의 경치가 그렇게 로맨틱하다던데요?

테이트 모던에 오시면 런던 시내의 경치를 한눈에 볼 수 있는 곳이 두 군데 있는데요, 첫 번째는 6층 레스토랑에 올라가 맞은편의 템스강과 세인트 폴 대성당을 바라보는 방법이고, 두 번째는 엘리베이터를 타고 10층에 올라가는 방법입니다. 이 두 번째 방법은 사람들이 잘 모르는데, 이곳에 올라가면 템스강 변의 풍경과 강 건너편에 위치한 세인트 폴 대성당뿐만 아니라 360도로 런던의 풍경을 한적한 분위기에서 볼 수 있는 전망대가 있습니다.

정보

테이트 브리튼(Tate Britain)

원래 밀뱅크 교도소가 있던 곳을 개조하여 1897년 개관한 미술관이다. 당시 내셔널 갤러리가 장소 문제로 미술품 전시에 어려움을 겪고 있었는데, 부유한 사업가였던 헨리 테이트가 1889년 자신이 보유하고 있는 미술품을 위한 갤러리 건축 기금을 기증하면서 새로운 미술관이 건립될 수 있었다. 1932년까지는 National Gallery of British Art로 불렸고, 이후에는 Tate Gallery라고 불렸다. 그러다 2000년 Tate Modern이 생기면서 지금의 이름이 되었다. 지금은 Tate Modern, Tate Liverpool, Tate St, Ives 등과 함께 같은 테이트 갤러리 네트워크에 속한 미술관이다.

테이트 브리튼 갤러리는 16세기부터 20세기의 영국 화가들의 작품들이 주로 전시되어 있다. 특히 영국의 대표적인 풍경 화가인 윌리엄 터너의 주요 작품들을 많이 소장하고 있는 것으로 유명하며 단테 가브리엘 로세티, 존 에버렛 밀레이, 윌리엄 홀먼 헌트, 워터하우스 등 라파엘 전파 화가들의 작품이 많이 전시되어 있다. 1984년부터는 매년 권위 있는 현대 미술상인 터너상의 시상과 전시회도 하고 있는데, 터너상은 50세 이하의 영국 미술가를 선정하여 시상하는 상이다.

인물

헨리 테이트(Henry Tate, 1819~1899)

32. https://commons.wikimedia.org/wiki/File:Hubert_von_Herkomer_(1849-1914)_-_Sir_Henry_Tate_-_N03517_-_National_Gallery.jpg

테이트 갤러리는 헨리 테이트라는 설탕 제조업자가 만든 갤러리이다. 헨리 테이트는 40세가 되던 1859년 설탕 사업에 뛰어들었고, 당시 수많은 설탕 회사 중 하나였던 그의 회사는 '각설탕'을 출시하면서 급성장하게 된다. 당시에는 거대한 형태의 설탕이 주로 팔렸던 시기였는데, 헨리 테이트는 독일의 에우겐 랑겐이 개발한 설탕 자르는 기계의 특허를 사들이면서 각설탕을 팔기 시작하여 엄청난 부를 축적한다. 헨리 테이트는 이렇게 번 돈을 기부하는데 인색하지 않았다. 1889년, 설탕 사업을 해서 번 돈으로 수집한 미술품 86점을 기부하고 갤러리를 만들어 달라며 8만 파운드를 추가로 기부했다. 이후 1897년 테이트 갤러리가 만들어졌고, 2000년 테이트 모던이 분리되면서 테이트 갤러리는 테이트 브리튼으로 불리게 되었다.

Place 24.

가장 영국적인 극장

Shakespeare's Globe

♬ Romeo and Juliet (1968) OST
– What is a youth

혹시 이 음악 잘 아시는지요?

멜로디는 분명 들어봤는데 음… 잘 모르겠는데요….

몽환적인 분위기가 가슴을 적시는 이 멜로디는 세기의 미녀 올리비아 핫세가 줄리엣으로 열연을 펼쳤던 〈로미오와 줄리엣〉의 테마곡이죠.

저는 이후에 레오나르도 디카프리오가 열연을 펼쳤던 〈로미오와 줄리엣〉에서 로미오가 줄리엣을 처음 만나는 씬에서 나오던 노래 키싱유가 더 익숙하네요. 정말 숨이 멎는다는 표현이 찰떡일 정도로 관객들의 탄성이 극장 안을 가득 메웠던 기억이 있네요.

그렇죠. 남자인 저도 심장이 쿵 하고 내려앉은 그 장면이었습니다. 두 영화 모두 벌써 오래된 영화네요. 애틋한 과거의 사랑 이야기를 표현할 때 아직도 쓰이고 있는 주제곡들이라 영화는 기억 속에서 사라졌을지언정, 이 주제곡들은 여전히 우리의 기억에 남아 있을 정도로 유명한 곡이죠. 자, 그럼 이 스토리는 누가 썼죠?

아, 빨간바지 님! 이 정도는 당연히 알죠. 바로 영문학의 거장 윌리엄 셰익스피어 아니에요?

맞습니다. 윌리엄 셰익스피어는 영어를 세계적인 언어로 올려놓은 영문학의 아버지라고 할 수 있는 사람입니다. 셰익스피어가 위대한 작가로 추앙받게 된 데에는 그가 운 좋게도 풍부한 문학적 자양분을 제공하는 시대에 태어났다는 점도 한몫합니다. 엘리자베스 여왕이 지배하던 16세기 후반의 영국은 대영 제국의 기초가 세워진 국가적 부흥기였을 뿐만 아니라 문예 부흥기였습니다. 동시에 사회의 제반 양상들이 요동치고 변화하는 전환기이자 변혁기이기도 했고요. 성숙한 문학적 또는 문화적 분위기, 역동적인 사회가 던져주는 풍부한 소재들은 셰익스피어 작품 곳곳에 녹아들었습니다. 이를 통해 그의 작품들은 문학 작품 이상의 사회와 역사에 대한 참고서 역할까지 하게 되었습니다.

영국의 평론가이자 역사가인 토마스 칼라일(Thomas Carlyle)은 "셰익스피어는 인도와도 바꿀 수 없다"라고 말했습니다. 인도 사람들 입장에서 들으면 기가 차고 코가 막힐 말이지만, 어쨌든 영국 사람들이 셰익스피어를 얼마나 소중히 여기는가를 알려 주는 말입니다.

네, 셰익스피어가 영국에서 대단한 인물인 건 잘 알죠. 근데 셰익스피어를 왜 갑자기 소개해 주시는 건가요?

다름이 아니라 테이트 모던에서 멀지 않은 곳에 바로 셰익스피어가 소속되어 극본도 쓰고 직접 연기도 했던 극장인 셰익스피어 글로브가 있습니다. 그곳으로 같이 가 보시지요.

아, 셰익스피어 글로브가 바로 옆에 있군요~

셰익스피어 글로브

자, 이곳이 바로 셰익스피어가 활동했던 극장인 셰익스피어 글로브입니다. 셰익스피어 글로브는 중세 셰익스피어 작품들을 공연하던 극장을 당시의 모습대로 재건해 놓은 극장입니다.

그럼 그때부터 있던 건물은 아닌 거네요?

네, 맞습니다. 엘리자베스 1세 때, 이 극장은 당시의 문화 융성 정책에 따라 성황을 누리다가 호국경 올리버 크롬웰이 공포 정치로 극장 문을 다 닫게 하면서 여기도 역사의 뒤안길로 사라졌었습니다.

지금의 셰익스피어 글로브는 윌리엄 셰익스피어가 그의 작품을 썼던 엘리자베스 극장을 이 자리에 재건축한 겁니다. 최초의 극장은 1599년에 지어졌으며 1613년에 화재로 파괴되어 1614년에 재건된 후 1644년에 철거되었습니다. 현대 글로브 극장은 1599년과 1614년 건물의 역사적 고증에 근거하여 최대한 그 시대 모습 그대로 지어졌습니다. 다만 현대식 안전 요구 사항을 반영하여 원래 극장 수용 인원이었던 3,000명에서 절반인 1,500명의 관중만 수용할 수 있게 현실적으로 지어집니다.

셰익스피어 글로브 내부

33. https://commons.wikimedia.org/wiki/File:Shakespeares_Globe_Romeo_and_Juliet_2019.JPG

셰익스피어 글로브는 배우이자 감독인 샘 와나메이커(Sam Wanamaker)가 설립했으며 오리지널 극장 부지에서 230m 떨어진 곳에 셰익스피어의 작품 〈헨리 5세〉를 공연하며 1997년에 일반인에게 공개되었습니다. 그 후 2014년 1월에는 작은 촛불 조명을 하는 실내 극장도 오픈했습니다. 또 교육 및 리허설을 하는 스튜디오 단지인 새클러 스튜디오(Sackler Studios)도 메인 극장의 모퉁이에 있습니다.

셰익스피어 글로브는 영국 사람이 아닌 미국 배우 샘 와나메이커가 설립을 주도하였는데, 그는 1970년부터 셰익스피어 극장을 재건하기 위하여 국제 셰익스피어 글로브 센터를 설립하여 기금을 조성했습니다. 그런데 문제는 16세기식의 극장으로 지으려다 보니 현대적인 소방 법률로는 도저히 건축 허가가 날 수 없었습니다. 그렇지만 와나메이커는 20년 이상 된 그의 비전을 포기하지 않고, 철저한 고증을 하면서도 수용 인원을 줄이는 디자인을 추진하여 이 역사적인 셰익스피어 글로브가 탄생하게 된 것이지요.

그리고 극장은 원래 위치에서 약 230m 떨어진 곳에 있었다고 말씀드렸는데, 16세기 당시에는 템스강의 폭이 지금보다 훨씬 넓었다고 합니다. 당시 강변 둑에 있었던 극장의 분위기를 살리기 위하여 장소를 230m 강 쪽으로 이동하여 지어진 것이라 합니다. 16세기의 건물을 그대로 재현하다 보니 건물은 목재 프레임 건물입니다. 앞서 1666년 런던 대화재 이후 런던 시내에는 초가지붕이 다 사라졌다고 했었는데, 이 극장은 16세기의 건물을 복원하다 보니 런던 시내에서 초가지붕이 있는 형태로 지어진 유일한 건물입니다. 이 현대적 초가지붕은 난연재로 잘 보호되며 지붕에 스프링클러가 설치되어 화재 시에도 문제가 없다고 합니다. 3층으로 된 관중석의 좌석 수는 873개인데 모두 16세기처럼 간단한 벤치로 되어 있습니다. 가운데 마당에는 700석의 야외 좌석(Groundlings)이 마련되어 있어서 셰익스피어 시대만큼 빽빽이 들어선 관중은 아니지만, 그 시절의 분위기를 느끼면서 연극을 관람할 수 있게 만들었습니다.

극장의 프로그램은 보통 5월에서 10월 사이에 주로 편성되며 겨울철에는 주로 교육 목적으로 사용된다고 합니다. 하지만 극장 투어는 일 년 내내 가능하기에 런던에 오시는 관광객들은 꼭 한번 영국의 자존심 셰익스피어의 숨결이 살아 있는 셰익스피어 글로브에서 연극을 보시던가 아니면 극장 투어를 해 보시길 권해 드립니다. 16세기 방식 그대로 스포트라이트도 없으며 마이크나 스피커도 없이 육성으로 대사를 전달하기 때문에 배우와 관객은 서로 눈을 마주치며 상호작용할 수 있어서 색다른 경험을 줄 수 있을 겁니다.

이런 분위기는 셰익스피어의 사랑을 다룬 영화 〈셰익스피어 인 러브〉에서도 잘 보실 수 있으니 이 영화도 한번 보시기를 추천해 드립니다.

그럼, 이 셰익스피어 글로브도 밀레니엄 프로젝트의 일환인가요?

주위에 밀레니엄 프로젝트로 지어진 밀레니엄 브리지와 테이트 모던 미술관이 있기는 하지만, 셰익스피어 글로브는 밀레니엄 프로젝트와는 상관없는 건물입니다. 하지만 비슷한 시기에 지어진 밀레니엄 브리지를 건너 강북의 사람들이 넘어와서 테이트 모던에서 미술품을 감상하고 바로 옆에 있는 셰익스피어 글로브에서 연극을 보게 됨으로써 이 서더크 지역이 활성화되는 데 크게 기여한 것은 사실입니다. 이렇게 런던은 역사와 예술을 절묘하게 조화시켜 새로운 미래를 개척해 나갑니다.

윌리엄 셰익스피어(William Shakespeare, 1564~1616)

셰익스피어는 잉글랜드 중부에 있는 스트랫퍼드 어폰 에이번에서 태어났다. 아버지는 꽤 부유한 상인으로 읍장까지 지낸 유지였다고 알려져 있다. 1577년경에 가세가 기울어지자 셰익스피어는 학업을 중단하고 1580년대 후반에 런던으로 나왔다. 그는 주로 성서와 고전을 이용해 읽기와 쓰기를 배웠고 라틴어 격언도 암송하곤 했다. 11세에 입학한 문법 학교에서 문법, 논리학, 수사학, 문학 등을 배웠는데 특히 고대 로마의 시인 오비디우스의 '변신'은 셰익스피어에게 상상력의 원천이 된다.

34. https://commons.wikimedia.org/wiki/File:Shakespeare.jpg

18세 나이에 셰익스피어는 8살 연상의 앤 해서웨이와 결혼했다. 1585년에 쌍둥이가 태어난 후 고향을 떠났다. 약 7~8년간 떠돌이 생활을 하면서 이 기간에 그가 어디서 무엇을 했는지는 명확하게 밝혀져 있지 않다. 다만 1590년경에야 런던에 도착해 이때부터 배우, 극작가, 극장 주주로 활동했다는 기록이 남아 있을 뿐이다. 그를 기록한 자료는 불충분하여 약간의 기록과 추측으로밖에 알 수 없다.

그는 눈부시게 변하던 대영 제국의 수도 런던의 모습에 매료되었다. 런던은 당시 인구의 급격한 팽창으로 도시는 지저분해지고 주거 시설은 열악해지는 등 많은 문제가 야기되던 도시였다. 북적거리는 사람들과 다양한 경제 활동과 문화 활동, 빈번한 연극 공연은 많은 사람에게 여흥을 제공하면서 셰익스피어가 성장할 기반이 되었다.

〈로미오와 줄리엣〉, 〈맥베스〉, 〈햄릿〉, 〈리어왕〉, 〈오셀로〉 등의 비극과 〈베니스의 상인〉, 〈헛소동〉, 〈말괄량이 길들이기〉, 〈한여름 밤의 꿈〉 등의 희극으로 살아서도 죽어서도 전 세계적으로 가장 유명한 영문학 작가가 되었다. 엘리자베스 여왕은 셰익스피어를 두고 "국가를 모두 넘겨주는 때에도 셰익스피어 한 명만은 못 넘긴다"라는 유명한 말을 남기기도 했다.

그는 학교에서 제대로 교육을 받지 못하였지만 타고난 언어 구사력과 무대 예술 감각, 다양한 경험, 인간을 대상으로 한 심오한 이해력을 바탕으로 위대한 작가가 되는 토대를 마련했다. 벤 존슨은 그리스와 로마의 극작가와 견줄 사람은 오직 셰익스피어뿐이라고 호평하면서 "어느 한 시대의 사람이 아니라 모든 시대의 사람"이라고 극찬했다. 셰익스피어는 1590년에서 1613년까지 비극 10편, 희극 17편, 역사극 10편, 장시 몇 편과 시집 〈소네트〉를 지었고, 이들 작품 대부분은 생전에 큰 인기를 누렸다.

셰익스피어의 생애에 관해 확실히 알려진 자료는 거의 없고 주로 추측에 의한 것이 대부분이기 때문에, 최근 그가 가공의 인물이라는 논란이 끊임없이 일고 있다. 또한, 그가 가 보지도 않은 이탈리아나 덴마크 등의 유럽 이야기까지 쓰는 게 가능하냐는 의심도 받고 있다. 그러나 그의 고향에 있는 교회에는 당시 그의 출생 기록과 사망 기록이 있어 실존 인물임에는 틀림없는 것 같다. 그의 수많은 작품은 연극과 영화로도 만들어지면서 아직도 전 세계 사람들의 사랑을 받고 있다.

Place 25.

강변 지역이 문화 예술의 중심지로

South Bank

♬ Queen
- Love of my life

아~ 나 런던 아이 좋아하네.

런던 아이 좋죠~ 2000년에 건축된 런던 아이는 이제 런던의 상징이 돼 가고 있습니다. 마치 에펠탑이 파리의 상징이듯이요. 영국의 대표적인 드라마 〈셜록〉의 타이틀 배경으로도 나오고 있지요.

런던 아이

물론 런던 아이도 소개해 드리겠지만, 먼저 런던 아이가 있는 지역인 사우스 뱅크(South bank) 지역을 소개해 드리겠습니다.

제가 이 런던 아이를 꼭 타 보고 싶었는데, 아쉽지만 사우스 뱅크 지역에 대한 자세한 소개 부탁드립니다.

아시다시피 런던은 오랜 전통과 역사를 자랑하는 도시입니다. 하지만 런던은 과거의 영광에만 머물러 있는 도시가 아니고 기존의 도시 틀 안에서 끊임없이 새로운 변화를 모색하는 도시입니다. 그것은 '해가 지지 않는 나라'였던 대영 제국의 끊임없는 탐험 정신과 일맥상통하는 영국인들의 정신입니다. 특히 런던은 20세기 후반부터 템스강 남쪽을 새로운 문화 예술 중심지로 활성화하기 위한 밀레니엄 프로젝트를 추진하게 되는데요, 이 프로젝트의 핵심지는 템스강 변 남쪽의 넓은 부지를 의미하는 사우스 뱅크였습니다. 다양한 문화 예술 사업과 상업 시설이 함께 위치함으로써 시너지 효과를 만들어 내었고, 재생 사업도 적극적으로 추진하면서 낙후되었던 이 지역을 활성화시킨 모범 사례로 꼽히고 있습니다.

런던시는 오랜 시간 동안 사우스 뱅크 지역에 런던 아이, 테이트 모던, 갤러리, 시어터 등을 짓고 강변 주변에는 카페 거리를 조성해 왔습니다. 이런 정책으로 이 지역은 런던에서도 새로운 문화 지역으로 거듭나게 되었습니다. 이 지역의 재생을 위하여 사우스 뱅크 지역의 재생 사업에 공감대를 가진 많은 협회나 단체들과 전략적 협업 체계를 구축하여 주민들과의 공감대를 형성했습니다. 이렇게 구축된 단체들의 성향은 각각 달랐지만, 지역 재생이라는 동일한 목표를 위해 협력하면서 힘을 모았습니다.

이들에 의해 선택된 건축가 릭 마서는 건물들의 신축보다는 역사가 있는 도시 경관의 기존 모습을 최대한 유지하면서 동시에 새로운 변화를 추진하는 계획을 추진했습니다. 그 일환으로 제일 먼저 추진된 것은 문화 예술 단지의 형성입니다. 원래 런던의 문화 예술 중심지는 웨스트엔드 지역이었지요. 이 웨스트엔드는 런던의 강북 쪽에 위치하여 음악, 미술 등의 예술 기관이 몰려 있는 곳입니다. 수십 개의 뮤지컬 극장이 몰려 있는 곳도 바로 이 웨스트 엔드 지역이구요. 그런데 이곳 사우스 뱅크 지역에 로열 내셔널 시어터(Royal National Theater)를 비롯하여 퀸 엘리자베스 홀(Queen Elizabeth Hall), 헤이워드 미술관(Hayward Gallery) 및 로열 페스티벌 홀(Royal Festival Hall) 등이 들어서면서 새로운 문화 예술의 중심지로 떠오르고 있습니다.

로열 내셔널 시어터(좌), 로열 페스티벌 홀(우)

35. https://commons.wikimedia.org/wiki/File:Royal_Festival_Hall_2011.jpg

퀸 엘리자베스 홀

그런데 이 사우스 뱅크 지역 재개발 사업은 정부 예산으로 추진된 도시 재생 사업이 아닙니다. 그렇기 때문에 다양한 방식으로 자금을 조달했는데요, 사우스 뱅크 지역의 각 커뮤니티 그룹들은 그들이 파트너십을 맺은 기관들과 공조하면서 기금을 지속적으로 모금했습니다. 또한, 거기에 공공성을 기반으로 하여 복권 기금과 유럽 기금까지 확보하여 개발 사업에 필요한 자금을 조달할 수 있었고, 그 결과 사우스 뱅크 재개발 사업은 완수될 수 있었습니다.

이렇게 완성된 사우스 뱅크 지역은 총면적이 58,410km2입니다. 그런데 문화 예술 지역이 된 이후에 많은 사람이 머물 수 있는 전용 주거 지역도 늘어나게 되면서 인구도 급증하게 되었습니다. 바로 여기에 화룡점정 격으로 런던 아이가 들어서게 된 것이지요. 이제는 런던의 랜드마크가 된 런던 아이는 바로 이 런던의 혁신적인 도시 재생 사업의 결과입니다.

런던 아이가 그냥 탄생한 것이 아니군요?

이런 사우스 뱅크 재생 사업의 성공 위에서 2000년 밀레니엄 시대를 맞아 추진된 밀레니엄 프로젝트에 바로 이 런던 아이 추진 계획이 수립되었습니다. 런던 아이는 사우스 뱅크 지구 내의 주빌리 가든에 지어졌습니다. 주빌리 가든은 국회의사당 맞은편에 자리 잡고 있는데요, 이곳은 전쟁 희생자들을 추모하기 위해 1977년 엘리자베스 즉위 25주년 때 조성된 공원입니다.

그런데 사실 이 런던 아이 설립 계획은 시작부터 많은 반대에 부딪혔습니다. 역사적인 도시 런던의 고풍스러운 모습과 너무 상이하여 도시 경관을 헤친다고 생각한 사람들의 반대가 심했던 것입니다. 천 년의 역사가 넘는 웨스트민스터 궁전과 랜드마크 빅벤 앞에 놀이동산이 들어서는 느낌이죠. 뭐 우리로 친다면 청와대 앞 광화문 광장에 롤러코스터가 있거나 국회의사당 앞에 바이킹이 생기는 느낌과 비슷할 수도 있겠습니다. 또한, 왕실의 공식 궁전인 버킹엄 가든이 훤히 내려다보인다는 문제와 영화 〈007〉에서도 등장했던 영국 정보국 MI6가 훤히 내려다보이는 문제도 논란의 소지가 되었죠.

런던 아이에서
내려다본 런던 전경

36. https://commons.wikimedia.org/wiki/File:London_Eye.JPG

세계 최대의 원형 전망대인 런던 아이는 2000년 3월, 16개월간의 건설 기간을 거쳐 개관했습니다. 런던 아이는 템스강 변 주빌리 공원에 우뚝 솟아 런던 시내를 한눈에 볼 수 있는 곳으로 런던의 명물로 관광객의 사랑을 받고 있는데요, 런던 아이 프로젝트는 일간지 《선데이 타임스》와 《아키텍처 파운데이션》을 통한 공모전에 당선된 데이비드 마크와 쥴리아 바필드가 디자인했습니다. 높이 135m, 1회 수용 인원 800명이라는 웅장한 규모의 구조물인 런던 아이는 영국의 기술 발전상과 런던 시내의 파노라마를 제공하는 거대한 원형 전망대입니다. 영국, 프랑스, 독일, 이탈리아, 체코 등의 유럽 각국의 기술자 1,500명이 투입되어 완성되었다고 합니다.

도시의 뉴밀레니엄을 표현한 런던 아이의 거대한 바큇살 끝에 매달려진 전망 캡슐은 처음 설계할 때는 60개였습니다. 그러나 당초 설계안이 수정되면서 최종 32개로 축소되어 건축되었는데 32는 런던 행정구의 숫자를 의미합니다. 런던 아이는 바퀴가 회전하면서 다양한 방향에서 런던 시내를 관람할 수 있는데요, 무게가 10t에 달하는 1개의 캡슐에 25명이 탑승 가능하며 총 32개의 캡슐에 한 번에 800명이 탑승 가능하다고 합니다. 한 바퀴 회전하는 데 약 30분이 소요되고, 날씨가 좋으면 런던 아이를 중심으로 반경 40km 이내의 도시 모습을 관람할 수 있기도 합니다. 또한, 단순 관람 이외에도 연예 · 오락이나 결혼식과 같은 다양한 행사를 위한 독특한 장소로의 역할을 하기도 합니다.

와, 런던 아이 규모가 엄청나네요. 이 큰 건축물을 건설하는 것도 쉽지 않았겠어요.

네, 정말 보기와는 달리 쉽지 않은 공사였다고 합니다. 런던 아이는 지지하는 지반으로 45개의 콘크리트 기둥과 2,200t의 콘크리트가 소요되는 거대한 프로젝트였습니다. 지지대는 A자형 구조로 되어 있는데, 이는 관람자의 시야를 최대한 확보하기 위한 것이었습니다. 바퀴의 직경은 135m, 무게는 1,600t으로 바퀴를 세우는 데만 일주일이 걸렸다고 하네요. 꼭대기에서는 360도로 도시 전체를 돌아볼 수 있도록 유리 캡슐형으로 고안되었습니다. 당시의 영국은 물론 유럽 전체의 수준 높은 공학적 기술이 이용되었으며 유럽 각지에서 수입한 강화유리, 철강 자재들로 이루어진 런던 아이는 당시 유럽의 최첨단 산업의 결정체였습니다. 그리고 초기 건설 시 주민들 반대로 5년 동안 한시적으로 운영하기로 하고 이후엔 철거하기로 약속했다고 합니다. 그런데 20년이 지난 지금까지 건재하고 있습니다. 왜 그럴까요?

음… 완공된 이후 상상 이상의 사랑을 받게 됨에 따라 런던의 상징이 되어서이지 않을까요?

네, 교과서적인 정답이죠. 경제적으로 보았을 때, 런던 아이의 무시무시한 입장료 수익을 포기할 수 없었을 것으로 추측됩니다.

일반 티켓	31파운드(4만 8천 원)
패스트 트랙 티켓	41파운드(6만 3천 원)
런던 아이+1	45파운드(6만 9천 원)
런던 아이 라운지 & 샴페인	50파운드(7만 7천 원)

* 현재 런던 아이 요금표(환율과 프로모션에 따라 달라질 수 있음)

계산하기 쉽도록 1인당 4만 원이라고 하면 25명이면 얼마죠?

어, 수학 시간인가요… 100만 원이네요.

그럼 32개 캡슐은요?

3,200만 원이네요.

그게 30분이니까 1시간은 얼마일까요?

와우, 6천 4백만 원이네요.

하루에 평균 10시간 운행하고 여름에는 추가 운행까지 한다고 하니, 하루에 많게는 10억까지 벌어들이는 이 황금알을 낳는 거위를 왜 부수겠습니까~ 아, 나도 우리 집 앞마당에 빨간 아이라도 하나 만들든지 해야지~

어! 지금 핑크색 불이 들어와 있는데 색깔도 무슨 의미가 있나요?

현재 라스트미닛이라는 여행사가 공식 스폰서로 있는데, 스폰서에 따라 색이 바뀌어 왔습니다. 바로 전에는 코카콜라의 빨간색이었죠. 조만간 다시 빨간색으로 바뀔 거예요. 빨간바지가 공식 스폰서가 될 예정이거든요.

Place 26.

런던의 야경을 한눈에 볼 수 있는 런던 최고의 마천루

The Shard

♬ Eric Clapton
- Wonderful Tonight

영국에서 가장 높은 건물이 어떤 건물인지 아세요?

아까 말씀하셨잖아요. 더 샤드 아닙니까?

땡! 아닙니다. 영국에서 가장 높은 건물은 웨스트 요크셔에 있는 방송 송신탑 Emley Moor transmitting station입니다. 높이가 1,600m나 되는 건물입니다. 물론 사람이 살거나 일할 수 있는 건물이 아니긴 하지요. 아무튼 그 건물을 제외하면 말씀하신 더 샤드는 영국에서 가장 높은 건물일뿐더러 유럽 연합(EU) 전체에서도 가장 높은 건물입니다. 물론 이제 영국은 유럽 연합에서 탈퇴하여 의미가 없어졌지만요.

더 샤드는 생긴 모습이 우리나라 잠실의 롯데월드타워랑 비슷한 거 같아요.

더 샤드(The Shard)는 런던에 위치한 95층의 고층 건물입니다. 2009년 3월 착공하여 2012년 3월 30일 완공하였고, 2013년 2월 1일 공식 개장했습니다. 더 샤드는 2017년에 완공된 우리나라의 롯데월드타워보다 먼저 생긴 건물로 높이 309.6m이며 롯데월드타워 지상 123층, 554.5m보다 150m 낮지만 그 원조 격인 빌딩이라고 할 수 있지요. 또, 더 샤드는 구조물을 제외한 빌딩 중 영국과 유럽 연합에서 가장 높은 건물이자 영국에서는 Emley Moor transmitting station에 이어 두 번째로 높은 독립 구조 건물입니다. 롯데월드타워와의 차이점은 일단 건물 높이와 만든 사람이 다르고요, 두 번째로는 더 샤드라는 이름에서 엿볼 수 있듯이 날카로운 이미지로 각이 져 있는 반면, 롯데월드타워는 곡선으로 빠졌습니다.

더 샤드(좌), 롯데월드타워(우)

와, 정말 두 건물이 비슷하긴 하네요. 더 샤드는 런던에서 가장 높은 전망대로 날씨만 좋다면 런던 전역을 한 번에 볼 수 있겠네요. 런던 아이가 긴장하겠는데요~

37. https://www.pexels.com/ko-kr/photo/2376713/

네, 더 샤드가 생기고 런던 아이의 매출이 조금 줄었었다는 말도 있었지요.

그런데 아직 다 짓지 않았나요? 꼭대기 유리가 다 안 씌워졌네요.

네, 눈썰미 좋은 분들이 2012년부터 계속해서 하는 질문입니다. 돈이 모자라서~는 아니고, Shard라는 단어 뜻이 유리 금속 조각 파편입니다. 깨진 유리라고 보시면 되는데, 보통 전망대를 유리 속에 싸매어 놓는 여타 건물들과는 달리 총 4층으로 구성된 전망대의 가장 상위층은 지붕 없이 뚫려 있어서 더욱 시원하게 런던 전경을 볼 수 있습니다. 가장 고층인 데다가 템스강과 매우 인접해 있어 런던 타워뿐 아니라 타워 브리지도 아주 잘 보입니다. 그뿐 아니라 북쪽에 있는 '시티 오브 런던' 지구를 내려다 볼 수 있어 런던의 스카이라인을 제대로 즐기기에는 아주 탁월한 장소로 소문이 나 있습니다.

또한, 30분 만에 한 번 돌고 내려오는 것으로 끝인 '런던 아이'와는 달리 일단 한번 올라가서 내려오지 않는 이상 오후 10시에 폐관할 때까지 계속 있을 수 있다는 장점이 있습니다. 이렇게만 들으면 한 번쯤 쉽게 가 볼 만한 장소라고 느껴지겠지만, 사실 이 더 샤드는 런던 시민들조차 쉽게 방문하기 힘든 장소입니다. 그 이유는 바로 입장료 때문이지요. 무려 한 번 입장하는 데 어른 기준으로 25파운드를 받습니다. 전망대 한 번 보는 것에 4만 원가량 되는 금액을 내고 보기에는 조금 부담스러운 금액이기는 합니다. 이 가격도 원래 30파운드에서 조금 인하된 가격이라고 합니다.

다른 전망대들과 비교해 보자면 런던의 세계 유산인 웨스트민스터 사원은 약

1만 6천 원(16파운드), 한국의 롯데월드타워와 서울스카이는 2만 7천 원(약 19파운드), 미국의 엠파이어 스테이트 빌딩은 약 1만 5천 원(약 9파운드)밖에 하지 않는 것을 본다면 더 샤드는 너무 비싼 전망대이지요. 런던 풍경이 아무리 아름답다 한들 전망대에 올라갔다 오는 것만으로 25파운드 이상을 떼어가니 작심하고 낮에서 밤 야경까지 찍으려고 온 사진가, 큰맘 먹고 이쪽으로 데이트하러 온 연인, 구경하러 온 여행객 이외의 일반인들은 여기 올 생각도 하지 않는 게 보통입니다.

정말 비싼 입장료네요. 전망 하나 보자고 올라가기가…….

네, 그래서 저는 그 돈을 지불하느니 더 샤드 내부에 있는 샹그릴라 호텔의 레스토랑을 이용합니다. 이 레스토랑은 31층에 있는데요, 31층도 충분히 높더라구요. 같은 값이면 사랑하는 그대와 템스강 야경을 보면서 맛있는 디너와 함께 차 한잔 술 한잔하시는 게 더 로맨틱하지 않을까요? Would you like to something to drink with me~?

역시 빨간바지는 로맨틱 가이시네요.

더 샤드 전망대

38. https://commons.wikimedia.org/wiki/File:The_View_from_The_Shard,_Shard_London_Bridge,_UK_-_20130630-03.jpg

그런데 더 샤드는 누가 지은 건가요?

더 샤드 꼭대기
이름 그대로 깨진 유리 조각을 연상시킨다

아, 중요한 이야기를 안 해 드렸군요. 더 샤드는 원래 1975년 서더크 지역의 24층 사무 건물인 서더크 타워였습니다. 그 서더크 타워를 재건축하기로 한 2000년 봄, 시행사 대표인 어빙 셀러(irvine sellar)는 당시 떠오르는 세계적 건축가인 이태리의 렌조 피아노에게 새로운 랜드마크 빌딩을 의뢰하게 됩니다. 렌조 피아노는 기존의 건물들을 흉내 내는 초고층 빌딩은 하지 않겠다고 하면서 템스강에서 솟아오르는 첨탑 모양의 스케치를 즉석에서 그려 보여 주었다고 합니다. 인허가 과정에서 여러 단체의 반대 의견들을 극복하고, 2003년 당시 부수상 존 프레스콧(John Prescott)의 승인을 받아 내었고, 2004년경부터 본격적인 설계가 시작되었습니다. 더 샤드의 설계자 렌조 피아노가 계획 단계에서부터 브로드웨이 말레이안(Broadway Malyan) 사와 작업하여 이 건물을 건축한 겁니다.

더 샤드는 건물 높이 309.6m로 영국은 물론 유럽 최고의 건물이라고 말씀을 드렸죠. 더 샤드는 복합 용도의 건물로 72층까지는 거주층이고, 그 위로는 비거주층입니다. 68층부터 72층까지는 실내 전망 갤러리이고, 그 위로는 옥외 전망대가 계속됩니다. 꼭대기 첨탑에서 더 갈라지는 이 노출된 첨탑에는 기존 초고층

39. https://commons.wikimedia.org/wiki/File:The_Shard_tip_2017-06-16.jpg

빌딩에서 볼 수 있는 기계 설비실 등의 설비층이 없습니다. 바로 저층부 백팩에 기계 설비실을 설치해서입니다. 그래서 첨탑이 투과되어 투명해 보이는데, 날아갈 듯한 가볍고 투명한 이미지를 주기 위한 디자인 원칙 때문입니다. 이런 프랙쳐 디자인은 렌조 피아노가 최근 많은 건물에서 시도하고 있습니다. 가벼움과 경쾌함을 표현하기 위한 그의 철학 더 샤드에서 최대의 효과를 내고 있습니다.

인물

렌조 피아노(Renzo Piano, 1937~)

렌조 피아노는 이탈리아 건축가다. 그의 주목할 만한 건물로는 파리의 퐁피두 센터(1977), 런던의 더 샤드(2012), 뉴욕의 휘트니 미술관(2015), 아테네의 스타 브

40. https://commons.wikimedia.org/wiki/File:Renzo_Piano,_portrait.jpg

로스니 아르코스 재단 문화 센터(2016) 등이 있다. 그는 1998년 프리츠커 건축상을 받았다.

피아노는 이탈리아 제노바에서 태어났다. 그의 할아버지는 조상 기업을 만들었고, 그의 아버지(Carlo Piano)와 그의 아버지의 세 형제에 의해 회사 Fratelli Piano로 확장되었다. 이 회사는 제2차 세계 대전 이후 번창하여 주택과 공장을 건설하고 건축 자재를 판매했다. 그의 아버지가 회사를 은퇴했을 때, 제노바 대학교에서 공학을 전공한 렌조의 형인 에르마노가 이 사업을 이끌었다. 렌조 피아노는 밀라노 폴리테크닉 대학(Milan Polytechnic University)에서 건축을 전공했다. 그는 1964년에 주세페 시리비니(Giuseppe Ciribini)가 감독하는 모듈화에 관한 논문으로 졸업했으며 실험적인 경량 구조물 및 기본 대피소 작업을 시작했다.

1970년 영국 건축가 리차드 로저스는 그를 크게 존경하여, 두 사람은 1971년부터 1977년까지 함께 피아노와 로저스 회사를 설립하기로 했다. 이후 이 둘은 독특한 디자인의 퐁피두 센터를 공동 설계하며 세계적인 주목을 받았다. 피아노는 사람들의 꿈, 열망, 아름다움에 대한 해답으로써의 건축을 소개한다. "보편적 아름다움은 세상을 바꿀 수 있는 몇 안 되는 것 중 하나입니다. 그 아름다움이 세상을 구할 것입니다. 한 번에 한 사람이지만 분명 그 일을 할 수 있을 것입니다."

Place 27.

차가운 건물에 불어넣는 따뜻한 디자인

Guy's Hospital

♬ John Lennon
- Imagine

앞서 소개해 드렸던 영국의 천재 디자이너 토마스 헤더윅 기억하시죠? 여기서 토마스 헤더윅의 천재적인 디자인을 볼 수 있는 병원을 보여 드리겠습니다.

네, 토마스 헤더윅 기억하죠. 저기 보이는 이층 버스도 토마스 헤더윅 작품이잖아요. 그런데 공공건물인 병원에도 그의 천재적인 아이디어를 적용하였군요.

맞습니다. 잘 기억하고 계시는군요. 지금 보고 계시는 병원이 바로 토마스 헤더윅의 작품인 가이즈 병원입니다.

가이즈 병원 입구와 보일러 수트

보일러 수트

토마스 헤더윅이 가이즈 병원 전체를 설계한 것은 아니고, 보일러 시설 부분을 디자인했습니다. 보일러 수트라고 불리는 이 건축물은 토마스 헤더윅의 2007년 작품으로, 200만 파운드를 들여 낙후된 가이즈 병원의 외관을 완전히 새롭게 바꾸어 놓은 프로젝트였습니다. 가이즈 병원은 킹스 칼리지 런던 대학교(KCL)의 부속 병원으로 1721년에 박애주의자였던 토머스 가이(Thomas Guy)에 의해 설립된 아주 오래된 병원입니다. 이 병원은 알츠하이머병, 파킨슨병 등의 치료로 유명한 병

19세기 가이즈 병원 정문 모습

41. https://commons.wikimedia.org/wiki/File:Guy%27s_Hospital,_London._Oil_painting._Wellcome_V0017215.jpg

원입니다.

1974년에 세워진 가이즈 병원은 34층으로 높이가 148m나 되어서 '가이즈 타워'라고 불렸습니다. 한때는 세계에서 가장 높은 병원 건물로 유명하기도 했구요. 아직도 런던에서는 가장 높은 병원 빌딩이고 세계에서도 다섯 번째로 높은 병원 건물이라고 합니다. 그런데 병원이 노후화되고 차량 출입에 많은 문제가 발생하자 병원 및 주변 환경을 개선하기 위해 가이즈 병원 후원자들, NHS(영국 보건복지국), 자선 단체 및 런던 조합에서 기금을 조성해 가이즈 병원 개선 프로젝트를 시작했습니다. 주요 개선 사업은 주변 교통 환경 개선, 야간 방문객을 위해 주변 조명 개선, 구급차 drop-off point 개선, CCTV 설치 등입니다.

헤더윅이 작업하기 전에 가이즈 병원 외관은 흉하게 드러난 시멘트 반죽과 열을 내뿜는 보일러실 구조물로 여기가 병원인지 공장인지 알 수 없을 정도로 흉한 모습이었습니다. 특히 가장 큰 문제점은 공장 같은 외관 구조 때문에 응급 환자들이 병원 입구가 어디인지를 알기 힘들어 많은 혼선과 위급 상황을 빚었습니다. 이에 병원 재단과 NHS는 외관 구조 개선 프로젝트를 기획해 헤더윅에게 의뢰하게 된 것입니다.

저는 어릴 때부터 병원은 뭔가 무섭고, 가기 싫고 그런 느낌이 있었어요. 또 공포 영화의 배경으로도 병원이 많이 나와서 그런지 병원은 무서워요.

네, 맞아요. 저도 안 간다고~ 얼마나 어머니께 떼를 썼는지 몰라요. 영국인들도 마찬가지입니다. 남자는 병원 가는 걸 부끄러워해야 한다는 마초적인 사회 분위기로 인해서 암이나 심장 질환 같은 중대 질병을 조기에 발견하지 못하는 것도 문제였지요. 이번 코로나 때 마스크 착용 문제나 보리스 총리의 '나는 걸려도 강한 남자니까'하는 안일한 생각이 서양 의료 체계의 붕괴를 가져와 버렸죠. 오죽하면 남자가 우산을 쓰고 다녀도 이상한 사람이 되는 그런 문화가 있을 정도입니다.

아, 그런 문화적인 배경이 있군요.

헤더윅은 병원은 환자들이 드나드는 곳이니만큼 '사람' 느낌, '따듯하고 환영하는' 느낌을 주는 것이 무엇보다 중요하다 생각했다고 합니다. 굽이치는 파사드 모양의 구조물로 외벽을 덮으면서 보일러 구조물을 일종의 '수트'로 감싼 것이지요. 이 보일러 수트(Boiler Suit)는 108개의 스테인리스 강철 줄을 씨줄, 날줄로 엮은 것으로 굽이치는 곡선이 세련미를 줌과 동시에 사람의 형상을 연상시켜 따듯함을 더해줍니다. 또한, 기능적으로도 병원 입구와 구급차 진입로를 전보다 확실히 구분되게 함으로써 시민들의 혼란을 최소화했습니다.

그리고 밤이 되면 구조물 전체에 횃불을 연상시키는 환한 조명이 들어와, 야간 방문객의 길을 훤히 밝히고 지나가는 사람들의 시선을 잡습니다. 이 보일러 수트는 안전, 주거 환경 개선, 디자인, 실용성을 모두 잡은 헤더윅의 휴머니즘적인 모토 '작은 공예품들의 따스함을 차가운 대형 건물에 불어 넣는다'는 디자인 철학이 잘 녹아 있는 작품이라 할 수 있겠습니다.

보일러 수트 야간 조명 들어온 모습

Place 28.

유리 달걀 모양의 친환경 빌딩 선구자

City Hall

♬ 007 OST
- James Bond Theme

첩보원 중에 가장 로맨티스트가 나오는 영화는 무엇일까요?

킹스맨? 미션 임파서블? 아, 이 테마 음악은 007!

〈킹스맨〉과 〈미션 임파서블〉 영화 둘 다 이 런던에서 많이 촬영되었지만, 영국 최고 첩보원 중 로맨틱 가이는 〈007〉의 제임스 본드죠. 왜냐구요? 항상 본드걸이 있으니까요. 그래서 가끔 부럽더라구요…. 자, 이제 〈007〉 제임스 본드의 나라인 영국 수도 런던에서 마지막으로 비밀을 파헤쳐 드릴 곳은 바로 런던 시청이 되겠습니다.

네, 빨간바지 님. 런던 시청도 영화 〈007〉과 관계가 있나요?

물론이죠. 〈007〉도 영국 정보기관 MI6 소속의 공무원이니까 당연히 시청 공무원하고도 관계가 있지 않겠어요? 하하 농담이구요~ 이 런던 시청에서 〈007 스펙터〉가 촬영되기도 했습니다. 그리고 이 시청 건물도 그동안 소개해 드린 밀레니엄 프로젝트의 일환이고, 새로운 런던을 상징하는 대표적인 건물이기 때문입니다.

런던 시청

2002년에 런던 템스강 변에 세워진 시청은 건물 모양이 꼭 달걀을 닮았다고 해서 유리 달걀(the glass egg)이라는 별명으로 유명합니다. 이 시청 건물은 앞서 소개한 영국의 대표적인 현대 건축가 노만 포스터가 설계하여 1998년부터 짓기 시작해서 2002년까지 환경친화적으로 건설되었습니다. 총 공사 비용은 640억 원가량이 들었으며 이 시청 건물은 높이 45m에 총 10층으로 건물 외벽은 모두 유리로 만들어진 것이 특징입니다. 특이한 형태의 건물을 시공하기 위하여 컴퓨터 시뮬레이션과 애니메이션을 이용하였는데, 건축가 노먼 포스터와 기술을 협력한 회사 오브 아럽(OVe Arup)은 수많은 시뮬레이션을 거쳤다고 합니다.

이 건물의 가장 큰 특징은 에너지 절약형 친환경 건축물이라는 점인데요, '좋아요'의 엄지 모양처럼 건물을 남쪽으로 한 칸 한 칸씩 기울어지게 만들어 직사광선을 피하고 자연적으로 그늘이 지도록 했습니다. 패널 아래쪽에는 단열판을 설치하여 열 손실을 줄였구요. 또, 창문을 통해 자연 환기를 유도하여 냉각기 가동을 줄였습니다. 냉방은 2개의 홀에서 나오는 냉수를 이용하고 다시 화장실에 사용합니다. 건물 모양 자체도 둥근 형태로 사각형 건물보다 유지 관리 비용이 절감된다고 하네요.

우리 서울 시청도 유리로 되어있는데, 요즘 유리가 대세네요.

네, 잘 보셨습니다. 유리는 미래라는 이미지를 부여하기 위해서 사용한 소재구요. 서울 시청의 건축가인 유걸 님의 인터뷰에서도 보면 독일 국회의사당 유리 돔과 런던 시청이 소개되어 있는데, 둘 다 노먼 포스터의 작품이죠. 서울 시청도 런던 시청에서 영향을 많이 받은 걸로 알고 있습니다. 건물에는 방문객을 위한 안내소, 카페, 전시실 등이 있고 건물의 외곽을 따라 도는 내부 경사로를 올라가면서 시청 회의실을 직접 볼 수 있습니다.

시민들이 지켜보는 시정이라 뭔가 민주주의를 표현한 디자인 같네요.

네, 참 로맨틱하죠.

항상 로맨틱이란 말이 입에 붙으셨네요.

여행은 로맨틱하게, 인생은 긴 여행이니, Always romantic.

서더크 한 페이지 요약

밀레니엄 브리지: 영국의 대표적인 현대 건축가 노먼 포스터가 디자인했으며 밀레니엄 시대에 맞는 현대적인 감각의 독특한 형태를 갖추고 있음. 유리로 된 바닥, 굽이치는 듯한 유선형 트러스 구조 등 현대적 소재와 디자인을 적용한 것으로 유명하여 과거와 현대를 이어주는 도보 다리.

밀레니엄 돔: 밀레니엄 돔은 새로운 천 년이라는 세계적인 변화기에 런던이 세계의 중심에 있음을 확인시키고자 만든 초대형 프로젝트. 19세기 후반부터 20세기 후반까지 가동되던 가스 공장이 철거되고, 20년간 방치되었던 그리니치 반도에 새천년 기념 국제 박람회 전시장을 세운다는 계획하에 시작되어 건축가 리차드 마이어(Richard Meier)에 의해 디자인되었음. 세계 표준시(GMT)를 탄생시킨 그리니치의 상징적 측면에서 12개의 기둥과 직경 365m 지붕으로 만들어졌는데 밀레니엄 프로젝트 중 가장 큰 비용이 투자됨. 밀레니엄 돔은 유럽으로 향하는 템스강 동쪽이 런던 개발의 핵심이라는 정책의 상징적 존재이기도 함.

테이트 모던 미술관: 폐쇄된 뱅크 사이드 화력 발전소를 개조하여 근현대 작가 위주의 현대 미술관으로 개관. 회화뿐만 아니라 미디어, 설치 미술 등 다양하게 구성되어 있으며 피카소, 앤디 워홀, 살바도르 달리, 뒤샹, 백남준 등 우리에게 익숙한 20세기의 유명 작가들의 작품이 대거 전시되어 있음.

대영 박물관 그레이트 코트: 2000년 완공된 '엘리자베스 여왕의 대정원(Queen Elizabeth II Great Court)은 영국의 유명한 현대 하이테크 건축가 노먼 포스터의 작품. 유럽에서 가장 큰 지붕이 있는 정원이며 지붕에 쓰인 삼각 유리는 3,200여 개.

셰익스피어 글로브: 중세 셰익스피어 작품들을 공연하던 극장을 17세기 당시의 모습대로 재건해 놓은 극장. 현대식 안전 요구 사항을 반영하여 원래 극장 수용 인원이었던 3,000명의 절반인 1,500명의 관중만 수용할 수 있게 현실적으로 지어짐.

사우스 뱅크 지역: 국립 극장(Royal National Theater)을 비롯하여 퀸 엘리자베스 홀 (Queen Elizabeth Hall), 헤이워드 미술관 (Hayward Gallery) 및 로열 페스티벌 홀(Royal Festival Hall) 등이 지어져 새로운 문화 예술의 중심지로 떠오르는 지역.

런던 아이: 세계 최대의 원형 전망대로 2000년 3월, 당시 유럽의 첨단 기술을 총집합하여 16개월간의 건설 기간을 거쳐 개관. 런던 아이는 템스강 변 주빌리 공원에 우뚝 솟아, 런던 시내를 한눈에 볼 수 있는 곳으로 런던의 명물로 관광객의 사랑을 받고 있음.

더 샤드: 런던에 있는 95층의 고층 건물로 영국에서 가장 높은 건물이자 유럽 연합(EU)에서도 가장 높은 건물. 유리 빌딩인 더 샤드의 높이는 309.6m로 우리나라 롯데월드타워에 못 미치지만 그 원조 격인 빌딩이라고 할 수 있음.

가이즈 병원: 병원 외벽을 굽이치는 파사드 모양의 구조물로 덮으면서 보일러 구조물을 일종의 '수트(양복 정장)'로 감싸 세련미를 줌과 동시에 사람의 형상을 연상시켜 따듯함을 더함. 안전, 주거 환경 개선, 디자인, 실용성을 모두 잡은 헤더윅의 휴머니즘적인 모토 '작은 소품의 따스함을 차가운 건물에 불어 넣는다'는 디자인 철학이 잘 반영된 작품.

런던 시청: 2002년에 런던 템스강 변에 세워졌으며 생긴 모양으로 유리 달걀(the glass egg)이라는 별명으로 유명함. 높이 45m, 총 10층으로 건물 외벽은 유리로 되었으며 영국의 대표적인 현대 건축가 노만 포스터가 설계하여 환경친화적으로 건설되었음.

Part 6.

그 외에 가 볼 만한 곳

Place 29 O2 Arena
Place 30 Real Estate in London

Place 29.

BTS도 공연한 돔 공연장

O2 Arena

♬ BTS
- 피 땀 눈물

아, 갑자기 피 땀 눈물~ 제가 아미인 거 어떻게 아셨죠?

우리나라의 자랑 방탄소년단 BTS는 여기 영국에서도 유명합니다. 특히 지금 BTS의 이 노래 '피 땀 눈물'은 바로 영국의 유명한 인물 처칠이 한 말입니다. 처칠은 1940년 제2차 세계 대전 초반기에 히틀러에 의해 전 유럽이 점령당하고 영국마저 풍전등화의 위기에 처해 있을 때, 수상으로 지명되어 한 연설에서 독일에 대한 강경 투쟁을 약속하며 이렇게 말했습니다. "나는 피, 수고, 눈물 그리고 땀밖에 드릴 것이 없습니다"란 유명한 말을 남겼는데, 이 말은 그 뒤 언론에 의해 편집되어 '피, 땀, 눈물'로 정리되었고, '피, 땀, 눈물'은 처칠을 의미하는 말이 되었습니다. 그 처칠의 명언을 BTS가 노래하면서 전 세계에서 사랑받고 있는 것이지요.

아, 그래요? BTS의 노래에 그렇게 깊은 뜻이 담겨 있었군요. 몰랐네요.

자, 이제는 그럼 우리의 자랑 BTS의 자취를 찾아 떠나보도록 하시지요. 우선 도클랜드에서 조금 벗어나서 근처의 O2 아레나로 가 보겠습니다. 이제 우리는 BTS도 공연했던 O2 아레나에서 런던의 미래를 살펴보겠습니다. 영국의 공연장 하면 어디가 생각나시나요?

네, 저는 아무래도 〈보헤미안 랩소디〉에서 퀸이 공연한 웸블리 스타디움이 생각납니다.

네, 맞습니다. 웸블리 스타디움은 1985년 'We are the World'라는 아프리카 기아 구호 자선 공연으로 유명하지요. 당시 10만 관중이 지켜보고 전 세계 생방송으로 15억 명이 시청한 역사적인 공연이었죠. 당시 가장 잘나가는 팝 가수 데이빗 보위, 더 후, 엘튼 존, 조지 마이클, 프레디 머큐리, 폴 매카트니 등 쟁쟁한 가수들이 공연을 했었죠. 이 장면은 영화 〈보헤미안 랩소디〉에서도 잘 나와 있습니다. 이렇게 웸블리 스타디움은 영국 국가 대표 축구팀의 경기뿐만 아니라 세계적인 팝 스타들의 공연장이었습니다. 그런데 이 웸블리 스타디움의 열기는 O2 아레나가 생기면서 이곳으로 옮겨오게 됩니다.

그럼 O2 아레나는 어떻게 만들어지게 된 건가요?

원래 O2 아레나는 2000년도 새천년 맞이 박람회인 밀레니엄 익스피리언스를 유치하기 위해 지어진 밀레니엄 돔이었습니다. 2000년이 저물고 밀레니엄 익스피리언스가 끝나면서 밀레니엄 돔은 메리디언 델타 유한회사에 매각되었다가, 2001년 12월에는 이 일대에 엔터테인먼트 복합 단지로 탈바꿈한다는 계획이 발표되면서 실내 아레나 조성 계획도 같이 추진되었습니다.

아레나 건설 공사는 2003년에 시작되어 2007년에 끝났는데요, 돔 내부를 완전히 철거하고 본격적인 내부 공사가 시작되기 전인 2004년 12월에는 런던 소재의 노숙인 자선 단체 크라이시스가 주최하는 연말 크리스마스 행사의 본 건물로 잠시 사용되기도 했습니다. 돔 구조물 내부에 크레인을 들여오는 것이 불가능했기 때문에, 아레나의 지붕은 돔 내부에서 조립한 뒤 들어 올리는 방식으로 지어졌습니다. 그런 다음 지붕 주변으로 아레나 구조물을 세우는 역발상으로 건축했습니다. 그래서 아레나 공간과 중앙홀이 들어갈 아레나 건물은 복합 단지 내 다른 건물과는 동떨어져 있으며, 그 내부에 아레나의 모든 시설이 집약되어 있는 형태로 지어지게 되었습니다. 아레나 내부의 좌석 배열은 전부 바꿀 수 있는 가변식 형태로 지어졌는데, 맨체스터에 지어진 영국에서 가장 큰 실내 돔인 맨체스터 아레나도 이와 비슷하게 가변식으로 지어졌습니다. 아레나의 그라운드 역시 아이스 링크장, 농구장, 박람회장, 연회장, 콘서트홀 등으로 얼마든지 변경 가능한 가변식으로 만들어졌습니다. 또 런던 내 음악 공연장의 공통적인 문제로 꼽히는 소음 울림 현상 역시 최대한으로 줄이도록 지어진 것이 특징입니다.

O2 아레나

O2 아레나는 당초 리차드 로저스가 설계한 새천년을 기념하는 박람회가 열렸던 거대한 돔 모양의 시설인 '밀레니엄 돔'은 그대로 두고, 돔 그 아래에 경기장 · 공연장인 아레나를 조성해 놓은 것으로 옛것과의 조화도 이룬 건축물입니다. 런던 시민들 사이에는 'O2 아레나'라는 공식 명칭 대신 아직도 '밀레니엄 돔'이라는 이름으로 부르기도 합니다. 'O2 아레나'라는 이름은 아레나가 속한 문화 단지의 이름에서 따온 것인데, 이름 자체는 후원사인 영국 통신사 O2를 붙인 것입니다.

그럼 O2 아레나는 각종 스포츠와 공연을 함께 할 수 있는 복합 공간이군요.

그렇습니다. 먼저 스포츠 행사를 보면, O2 아레나는 2009년부터 남성 프로 테니스 대회인 ATP 월드 투어 파이널을 유치하고 있습니다. 이 대회는 전 세계 상위 8명의 선수들이 시즌 말 경기를 펼치는 것으로 이름이 높은 대회이지요. 2018년까지 대회를 계속 유치했는데요, O2 아레나는 매디슨 스퀘어 가든

(1977~1989년)에 이어 역대 두 번째로 가장 많은 대회가 열렸던 경기장이 되었습니다.

2012년 하계 올림픽이 런던에서 열린 것은 알고 계시죠? 바로 이 2012년 하계 올림픽과 패럴림픽에서는 실내 경기장으로 사용되었으며, 올림픽 기계 체조와 농구 경기가 열렸습니다. 당시 올림픽 규정에는 대회 경기장에 기업 스폰서를 금지한다는 규정에 따라 이름을 노스그리니치 아레나(North Greenwich Arena)로 이름을 바꿔 부를 수밖에 없었습니다. 그 외에도 유로리그 파이널포(2013), NBA Global(2013~2018)에 쓰이기도 했습니다.

O2 아레나를 공연장으로 사용한 스타들은 프린스, 아델, 레드 제플린, 휘트니 휴스턴, 레이디 가가, 저스틴 비버, 마이클 잭슨 등으로 이곳은 쟁쟁한 스타들만 공연할 수 있는 꿈의 무대입니다. 그런데 바로 이곳에서 2018년 10월 BTS의 공연이 대성공을 거둔 이후 영국 언론에서는 BTS를 21세기 비틀즈의 재림이라고 극찬하기도 했습니다. BeaTleS BTS 뭔가 스펠링도 비슷하지 않나요? 그리고 BTS는 바로 다음 해인 2019년 6월에는 원조 꿈의 구장인 웸블리 스타디움에서 10만 좌석이 1시간 만에 매진되는 신화를 만들며 이틀간의 공연을 성황리에 마치기도 했지요. 정말 우리나라의 자랑스러운 그룹이라고 할 수밖에 없습니다.

2019년 웸블리 BTS 콘서트에서 필자

Place 30.

런던의 부동산

Real Estate in London

♬ Ed Sheeran
- Photograph

시청을 마지막으로 이제까지 런던의 도심 재생 사업이나 아이코닉 런던을 이루는 크리에이티브한 건물들에 대해 살펴보았는데요. 이번에는 이런 개발 사업을 하기 위한 토대가 되는 런던의 부동산에 대해서 설명해 드리고자 합니다.

그렇지 않아도 런던의 부동산에 대해 궁금했는데 잘 되었네요.

런던의 부동산 문제는 범위가 너무 광대하기 때문에 하우징 중심으로 얘기해 드리겠습니다. 영국의 대표적인 주거 형태는 크게 하우스, 플랏, 스튜디오로 나눌 수 있습니다. 하우스는 주택으로 생각하면 될 것 같고, 플랏은 빌라나 아파트로 보시면 되고, 스튜디오는 원룸 정도로 볼 수 있겠습니다. 우리나라도 마찬가지지만 영국의 집값, 특히 런던 지역은 갈수록 천정부지로 치솟고 있어서 단독으로 집을 매매해 사는 경우는 흔치 않고 보통 셰어하는 경우가 많습니다. 한 연립 주택 안에 여러 플랏이 있는 구조에서도 그 플랏 안의 방들을 방별로 세를 주어 방만 렌트하고 주방, 화장실은 셰어하는 형태가 보편적입니다.

런던의 세미 디태치드 하우스

산업 혁명 시대에 처음 등장한 주택 형태로 우리나라로 치면 땅콩 주택이다. 디태치드 하우스는 한 하우스가 두 개의 입구로 나눠진다. 영국의 대표 건축물 하면 빅벤도 아니고, 웨스트민스터 사원도 아니고, 바로 세미 디태치드 하우스라고 말할 만큼, 1945~1964년 제2차 세계 대전 이후 재건 때 건설된 모든 건축물의 40%를 차지한다.

영국에서 집을 소유하는 방식이 우리나라와는 많이 다른 거 같네요.

네, 우선 영국에는 전세라는 제도가 없구요, 집을 직접 사서 거주하거나 아니면 월세로 살아야 합니다. 집을 사서 거주하는 경우도 두 가지로 나뉘는데, Freehold 방식과 Leasehold 방식으로 구분됩니다. Freehold는 땅과 건물을 다 소유하는 것이고, Leasehold는 땅은 임대이고 건물만 소유하는 것이라고 보면 됩니다. 우리나라는 보통 아파트나 집을 산다고 하면 건물은 물론 그 건물이 속한 땅까지 사는 게 일반적인데 여기 영국은 땅 소유가 분리되는 경우가 많습니다.

Freehold와 Leasehold라는 개념이 우리에겐 좀 낯선데요, 좀 더 자세히 설명해 주시겠어요?

우선 Freehold는 건물이 세워진 땅을 소유하게 되어 향후 확장 등 자신의 재산권 행사가 자유롭다는 장점을 가지지만, 플랏은 보통 해당 공간에서 거주할 수 있는 권리만을 소유하는 Leasehold로 99년이나 125년짜리인 경우가 대부분입니다. Freehold 하는 사람(혹은 회사)으로부터 해당 집을 리스하는 경우 Freeholder에게 집값, 땅값, 서비스 비용을 내며 Freeholder는 집과 땅 관리를 해줍니다. Freeholder는 보통 건축 회사 등으로 리스 기간을 길게 잡아 리스임에도 불구하고 Leaseholder들은 거의 자기 집으로 살게 되는 것입니다.

통상 일정 금액을 지불하면 임대를 연장하거나 혹은 다른 임대 계약자들과 함께 Freehold를 살 수 있는 권리가 있으며 Lease 계약서에 계약자와 건물주(자유보유권자) 그리고 관리업자의 의무를 열거한 리스트가 있어서 Freeholder 혹은 그의 관리업자는 땅세 및 각종 서비스 비용을 청구하고 빌딩을 유지 관리하며 보험에 가입할 책임을 부담하게 됩니다. 따라서 외관 장식 비용이나 건물 보험, 정원 유지 비용 등이 다른 비슷한 건물에 비해 적게 들기 때문에 재정적 이익이 있다는 장점이 있습니다. 다만 소음, 외관이 허물어지는 것과 같이 건물 공동의 문제에 대응하는 것이 간단치 않다는 어려움도 있습니다.

따라서 Leasehold로 주택을 구입할 때 여러 가지 사항들을 꼼꼼히 살펴봐야 합니다. 몇 가지 팁을 드리면 제안을 넣기 이전에 lease가 몇 년이 남았는지, 토지세(Ground Rent)와 서비스 요금(Service Charge)이 어느 정도인지 확인해서 가격의 적정성을 검토해야 합니다. Lease가 70년 미만으로 남아 있다면 많은 모기지 회사들은 모기지를 주지 않으며 80년 미만부터는 임대를 연장하거나 Freehold를 구입하는 것이 더욱 비싸지기 때문에 임대 연장을 위해 돈을 지불해야 합니다.

사회주의 국가에서만 있는 개념인 줄 알았는데 흥미롭네요.

네, 그렇죠. 저도 집 살 때 깜짝 놀랐습니다. 땅 주인과 건물 주인이 엄격히 구분되어 있어서 계급별 유리 천장이 가장 견고한 곳이기도 하지요.

무슨 말인가요?

91년생 20대 세계 최고 억만장자 휴 그로배너(Hugh Grosveno)라고 들어보셨나요? 웨스트민스터 공작이자 29세밖에 되지 않았지만, 런던 웨스트민스터 자치구의 땅 대부분을 소유하고 있는 부자지요. 그래서 이 리스로 천문학적인 수입을 올리고 있는 절대 무너지지 않는 부를 구축하고 있는 사람이지요.

뭔가 이 리스 홀더의 개념이 좀 잘못된 것 같다는 생각도 드네요.

그 점이 외국인과 관광객에는 신기한 부분이라 저도 이야기해 드리긴 하는데, 집을 사려고 하는 입장에선 이해가 잘 안 되는 부분이기도 합니다. 프리 홀더로 넘어가서 이것은 모든 의사 결정이 단순하다는 장점이 있지만, 전부 본인 자신의 책임이 되는 리스크가 있습니다. 그리고 Leasehold 플랏은 자신만의 권리 주장은 제한되지만 여러 사람이 연대하여 문제를 풀 수 있는 장점이 있으며 모든 사람이 자신의 책임을 성실하게 이행할 경우 신경 쓸 것도 적다는 장점이 있다고 할 수 있습니다. 따라서 어떤 경우라도 만약에 런던에서 주택을 구매하시려면 구매 전에 이 모든 것들을 충분히 시간을 갖고 확인하여 대비하는 것이 향후 매도 시 자본 이득(Capital Gain)을 최대화 할 수 있는 방법입니다.

그럼 소유가 아니라 세를 사는 경우는 어떻게 되나요?

네, 여기는 전세는 없다고 말씀드렸죠. 즉, 여기는 월세의 주택만 있는데 이것도 PRS Housing과 Social Housing으로 나뉩니다. 먼저 PRS는 Private Rented Sector의 준말로 개인 혹은 단체에(Private Sector) 일정 기간 집 또는 집의 일부분을 임차해 거주하는 형태를 말합니다. 집주인 마음대로 집세, 계약 기간, 보증금, 기타 조건(관리비 등)이 정해지기에 수많은 갈등을 낳아왔고 노숙자 수가 증가한 원인으로 꼽히기도 합니다.

Social Housing은 주로 지방 자치 단체(Local Council) 또는 하우징 자선 단체 등에서 참여하는데, 소유한 집을 사회적 배려자 계층에게 매우 저렴한 가격에 세를 주는 제도입니다. 런던 Social Housing 월세는 450파운드(67만 원가량)로 평균적인 Private Renting보다 3배가량 저렴하며, 일반적인 프라이빗 렌팅이 3개월~1년 계약 기준인 것에 비해 계약 기간도 길어 사회적 약자들에게 안정적인 주거 환경을 제공하는 제도입니다. Social Housing 제도의 한 부분으로, 처음으로 집을 구매하는 사람들을 위해(60만 파운드 미만), 집값의 5%만 보증금으로 내면 정부에서 20%(런던은 40%)까지 저금리 대출해 주는 제도도 있습니다.

런던의 플랏

우리의 빌라와 비슷한 느낌인데, 영국에서는 아파트 대신에 Flat이란 단어를 사용한다.

현재 영국의 다른 주거 관련 문제들은 어떤 것들이 있나요?

집값이 너무 비싸다는 문제가 있지요. 특히 런던과 런던 광역권인 남동부 지방의 집세가 영국 전체 평균값보다 2배가량 높아 일반 시민이 여유 있게 집을 구하기는 거의 불가능합니다. Social Housing의 공급량이 턱없이 부족한 데 비해, 부유층의 럭셔리 하우스는 필요 이상으로 크고 많으며 외국 자본의 투기 목적으로 부촌 지역에 빈집만 구매해 놀리고 있는 경우가 많습니다. 그래서 영국은 현재 노숙 인구가 32만 명가량으로, 특히 런던 거주자 200명 중 1명은 노숙자라는 통계가 있습니다.

또한, 서브렌팅(Subrenting)의 문제도 있습니다. 서브렌팅이란 집주인 A가 B에게 세를 주고, B가 그 집을 관리하며 방별로 쪼개 C, D, E에게 다시 세를 주는 것을 말합니다. 세를 받아 다시 세를 주다 보니 마진을 높이기 위해 기본적인 시설 관리조차 되어 있지 않은 경우가 많아 세입자들의 기본 안전이 보장되지 않는 경우도 많구요.

또 다른 문제로 그린벨트 문제가 있습니다. 영국은 과도한 도심화를 막기 위해 1946년부터 일정 지역 단위마다 반드시 보존된 녹지대가 있어야 한다는 그린벨트법을 세계 최초로 시행했습니다. 도시 주변의 녹지 공간을 보존하여 개발을 제한하고 자연환경을 보전하자는 취지로 시행되어 현재 영국 국토의 12.4%가 그린벨트로 지정되었습니다. 우리나라도 이 그린벨트를 받아들여 강력히 시행되다가 최근 들어 차츰 그린벨트를 완화해 주는 경향이 있지요. 그런데 영국은 녹지나 공원이 많은 나라인데도 이렇게 강제로 그린벨트를 유지하다 보니 택지 공급이 부족하여 집값 상승의 원인이 된다는 비판도 있습니다.

그리고 마지막으로 뉴타운 문제도 있습니다. 뉴타운이라는 개념은 제2차 세계 대전 이후 런던 개발 붐이 일면서 위성 도시의 필요성이 대두되었고, Stevenage, Crawle, Milton Keynes 등의 도시들이 생겨나 주거와 업무를 분담했습니다. 하지만 그 이후 영국은 뉴타운이나 위성 도시 건설에 적극적이지 않다 보니 주택 공급이 많이 모자란다는 의견이 많습니다.

우리나라의 그린벨트나 뉴타운이라는 개념이 다 영국에서 온 거군요? 그럼 런던의 주택 부동산 정책이나 도심 개발에 대해서는 항상 영국이 앞서가는 나라였지요. 그러나 기본적으로 영국은 정책적 아이디어는 남들보다 앞서지만, 환경을 생각하거나 인위적 개발을 꺼리는 성향이 있어서 기본적으로 택지 공급이 많이 부족합니다. 또한, 우리나라처럼 좁은 면적에 많은 주택을 공급할 수 있는 아파트를 선호하지 않고 개인 주택을 선호하다 보니 항상 공급 부족의 문제를 겪고 있습니다. 영국에서 아파트는 서민이나 빈민들이 사는 곳이라는 인식이 강해서 아파트에 사는 것을 싫어합니다. 2017년에 발생한 그린펠 타워의 화재 사건도 극빈자들이 살던 공영 임대 아파트였지요. 물론 최근 들어서는 런던 시내에 부유층들이 사는 맨션아파트가 많이 등장하고 있어서 아파트에 대한 인식은 극과 극이 되고 있습니다.

2017년 그렌펠 타워 화재 사건

42. https://commons.wikimedia.org/wiki/File:Grenfell_Tower_fire_(wider_view).jpg?uselang=ko

런던의 주택난은 특히 런던과 남동부 지방이 심한데, 이 지역의 집세가 영국 전체 평균값보다 2배가량 높아, 일반 시민이 여유 있게 집을 구하기가 거의 불가능합니다. 2015년 평균값으로 런던에서 일반적인 스튜디오(원룸)를 구하려면 20만 파운드(약 3억 원)가 필요한 데 비해, 같은 돈으로 런던 외 지역에서는 평균 방 4개에 테라스 딸린 단독 주택을 구매할 수 있습니다.

런던과 영국 타 지역을 수치로 비교하면(2018년), 집을 사서 거주하는 주민의 비율이 런던은 50%에 불과한데, 타 지역은 65%라고 합니다. Social Housing 세입자의 비율은 런던 24%, 타 지역 18%이구요. Private Rent 세입자 비율은 런던 26%, 타 지역 17%라고 하네요. 이는 런던에서 내 집 마련하기가 얼마나 어려운지를 단적으로 보여 주고, 집을 사더라도 직접 거주하는 용도가 아닌 세입자를 받는 용도나 투기용이 많다는 것을 보여줍니다.

그리고 모든 집 종류와 크기를 막론하고 집값 평균을 비교해 보면, 2018년도에 런던의 평균 집값은 47.5만 파운드인 반면, 영국 전체 평균은 23.1만 파운드로 두 배 차이가 납니다. 세입할 경우도 비교해 보면 런던의 평균 월세는 1,500 파운드인데 반해 영국 전체는 750파운드로 이 역시 두 배의 차이를 보이고 있습니다. 런던 평균 집값이 47.5만 파운드인데, 이는 2018년 영국 전체 평균 연봉인 3만 4천 파운드를 12.4년 동안 꼬박 모아야만 살 수 있는 가격입니다. 런던의 부촌인 켄싱턴 첼시구의 평균 집값은 138만 파운드인데, 런던시와 가까운 곳의 집을 사는 것은 불가능하게 되어 버렸습니다. 그래서 진정한 런더너는 3존 바깥에 살고 있나 봐요.

최근에 브렉시트와 코로나 사태로 인한 부동산 시장의 변화는 없나요? 영국은 대규모 락다운을 세 차례나 실시했던 것으로 아는데, 이런 외부 요인이 부동산 시장에 충격을 주지는 않았었나요?

좋은 질문을 해 주셨네요. 위에서 설명해 드렸듯이, 런던의 부동산은 살인적인 가격으로 악명이 높습니다. 2007년 세계 금융 위기가 미국의 서브프라임 모기지 붕괴로 인해서 일어났듯이 브렉시트를 하자마자 터진 코로나는 엎친 데 덮친 격으로 부동산 시장을 얼어붙게 만들었습니다. 락다운과 연일 터져 나오는 수많은 확진자는 부동산 거래를 일시적으로 올스톱시켜버렸습니다. 대량 실직이 발생하고 실직자들은 모기지를 갚을 능력이 없어 파산하게 되고, 은행은 연쇄 부도가 나고, 국가 경제는 파탄 나는 이러한 시나리오가 자연스레 이어질 것만 같았습니다. 부동산 가격 안정은 동서고금을 막론하고 경제에서 아주 중요하게 다루는 이슈입니다. 그래서 영국 정부는 부동산 시장 안정화를 위해 아래와 같은 파격적인 정책들을 내놓습니다.

부동산 시장 안정화 정책은 부동산 문제로 골머리를 앓고 있는 우리나라에 많은 도움에 되겠네요. 자세한 설명 부탁드려요.

첫 번째로 강제 퇴거 금지입니다. 세입자가 6개월간 월세를 내지 못해도 내쫓을 수 없는 법을 통과시킵니다. 실직 사태가 터져서 월세를 내지 못해도 이사를 다닐 필요 없도록요.

아니, 그러면 아무 잘못 없는 집주인들은 어떡하나요?

네. 그래서 두 번째로 대출 상환 유예, 즉 집주인들은 보통 은행 대출을 끼고 있는 부동산 소유자이기 때문에 6개월간 원금과 이자 상환을 국가가 나서서 중단시켜줬습니다. 월세를 받지 않더라도 돈이 나갈 일이 없도록 만들어 버린 것이죠. 물론 이렇게 한다고 부동산 거래가 시작되지는 않습니다. 국민들 통장 잔고가 말라버렸기 때문이죠.

세 번째는 대규모 정부 지원금입니다. 전 사업자에게는 갚지 않아도 되는 정부 지원금을 최대 7천만 원에 무이자 대출로 또 8천만 원 상당의 금융 지원을 해 줬습니다. 또한, 업주에게 급여 지원금을 코로나 첫 락다운을 했던 3월 말부터 현재까지 매달 직원 1인당 최대 월 400만 원정도 지원해 주고 있습니다. 이렇게 숨통을 트여주고 나니, 국민들의 주머니는 오히려 더 든든해져서 부동산 시장이 열리기만을 기다리게 되었습니다.

다음으로 나온 것은 부동산 업종 업무 계속 및 부동산 취득세 면제입니다. 전국민 이동 제한 조치 락다운 속에서도 부동산만큼은 핵심 비즈니스로 분류해서 식료품을 파는 마트처럼 자유롭게 오픈할 수 있게 했습니다. 거기에다가 올해 6월까지 Stamp Duty라고 부르는 부동산 취득세를 면제해 줬습니다. 우리나라는 4%에 불과한 그 세금이 영국은 집값에 따라 최대 12%까지 올라갑니다. 어마어마한 가격 할인이 되는 것입니다. 그 결과 지원금을 받은 국민들 사이에 집 사기 열풍이 불어, 오히려 런던의 집값을 상승시켜버리는 기현상을 낳았습니다. 많은 사람이 재택근무로 인해 도심에서 나와서 3존 밖에 있는 가든 딸린 저택을 구입하고 그곳을 홈 오피스 개념으로 리모델링하기 시작했습니다.

이러한 정책들이 중소 도시의 부흥을 만들어 내고, 도심에 집중되어 있던 모든 비즈니스들이 밖으로 나가게 되어 또 다른 도시 재생을 만들어 내고 있습니다.

오늘 저와 함께한 '미래의 런던, 아이코닉 런던'이라는 테마 여행 어떠셨나요? 기존의 역사 지구만 다니던 투어와 달라서 저는 재미있었는데요.

네, 저도 정말 흥미로웠어요. 런던은 예전에 혼자 배낭여행으로도 와 보고, 부모님 모시고 패키지여행으로도 와 봐서 더 이상 볼 것이 없다고 생각했는데, 이런 도시 재생과 크리에이티브 관점에서 바라보니 정말 이제까지 제가 껍데기만 봤다는 생각이 드네요. 그리고 빨간바지 님과 함께해서 더욱 로맨틱한 시간이었어요.

감사합니다. 마지막으로 영어 사전을 처음 만든 시인 사무엘 존슨이 남긴 로맨틱한 명언으로 끝을 맺고 싶네요.

"런던에 싫증 난 사람은 인생에 싫증 난 사람이다"
"When a man tired of London, he is tired of life"

그럼 다른 도시에서도 꼭 다시 만나기를 바랄게요~

집값 상승의 역사

- 20세기 초 90%의 집들은 Private Rented.
- 19세기 말 자선 사업가들이 가난한 이들을 위한 집을 짓고 하우징 단체들을 만듦.
- 제2차 세계 대전 이후 파괴된 도시를 재건하며 '뉴타운' 붐이 일어나 개발업자들 호황.
- 많은 이들이 자기 집을 지으며 1996년 67%, 2003년 70%가 자기 집을 소유했음. 배경에는 80년대 정책인 RTB Policy가 있는데, 저소득자, 마이너리티 등이 할인가에 집 구매하게 한 것.
- 이로 인해 소셜 하우징(저소득자, 차상위 계층에게 제공하는 주택)이 어려워졌음. 180만 개의 소셜 하우스가 사라짐.
- 집주인들이 집을 팔지 않고 렌트를 주면서 세입자들에게 받는 집값을 계속 올리니 집값은 계속 올라가고, 새집을 건설하기는 점점 어려워짐. 정부 지원도 점점 줄어듦.
- 특히 런던에서 집값 상승률은 인플레이션 · 급여 상승치를 한참 웃돌아 내 집 마련을 거의 불가능하게 함.
- Private Rented Sector(세입해 사는 것) 비율은 2000년대 초 10%가량에서 2017년 20%로 늘었고, 이는 새집 공급의 부족, 집값 상승(내 집 마련 불가), 세입자 보호 규제의 부재, 거주 목적이 아닌 세를 주는 목적으로 집을 사는 사람들의 증가(집세 상승의 원인), 투기 목적 구매의 증가(집값 상승) 등이 있음.
- 이에 기본적인 안전 규제조차 따르지 않고 유지 보수가 되어 있지 않은 낙후된 외곽 주택에 거주하는 인구가 늘었고, 이는 2017년 6월 발생한 그렌펠 아파트 대화재 사고(72명 사망) 등의 안전 문제로도 이어짐.

- 사고 이후 런던시는 Housing Green Paper 법안을 만드는데, 집주인들의 의무에 대한 내용을 담고 있음(안전 규제 따를 것, 세입자들의 의견을 수렴하는 시간을 꼭 만들 것, 세입자 불만 사항을 고쳐야 할 집주인의 의무 등)

런던 내 지역별 집값 평균(2020년 초 기준)

부촌		저렴한 지역	
켄싱턴 & 첼시	138만 파운드(20억)	Barking & Dagenham	30만 파운드(4.5억)
웨스트민스터	100만 파운드(15억)	Bexley	34만 파운드(5억)
캠던	82만 파운드(12억)	Havering	36만 파운드(5.3억)

그 외 지역 한 페이지 요약

O2 아레나: 팝 스타들의 공연 성지인 웸블리 스타디움의 열기는 2000년대에 O2 아레나가 생기면서 이곳으로 옮겨오게 됨. 우리나라의 자랑스러운 아이돌 그룹 'BTS'도 공연한 공연장으로 유명함.

세미 디태치드 하우스: 산업 혁명 시대에 등장한 두 개의 입구로 나눠진 땅콩 주택. 영국의 대표 주거 형태로 제2차 세계 대전 이후 재건 때 건설된 모든 건축물의 40%를 차지.

플랏(Flat): 영국에서는 아파트란 단어보다 플랏이라는 단어가 더 친숙. 공동 입구 복도를 공유하며 한 건물에 여러 세대의 집이 있는 형태로 아파트보다는 빌라의 느낌과 더 가까움.

Freehold: 건물과 대지를 동시 소유. 향후 확장 등 자신의 재산권 행사가 자유롭고 세미 디테치드 하우스, 테라스드 하우스, 디테치드 하우스가 이에 해당되는 경우가 많음.

Leasehold: 대지의 소유자는 따로 있고, 해당 공간에서 거주할 수 있는 권리를 소유하는 것으로 통상 99년이나 125년 토지 장기 임대로 계약. Freeholder에게 관리비를 내지만 집의 소유는 리스 홀더에게 있음. 플랏과 타운하우스가 여기에 해당되는 경우가 많음.

코로나 시국에 집값 안정을 위한 영국 정부의 정책: 첫 번째, 강제 퇴거 금지. 월세를 내지 못해도 강제 퇴거 금지. 두 번째, 대출 상환 유예. 주택 모기지를 6개월간 원금과 이자 상환을 정부에서 유예시킴. 세 번째, 대규모 정부 지원금. 정부 지원금 최대 7천만 원, 무이자 대출 8천만 원 상당의 정부 주도의 금융 지원. 네 번째, 부동산 업종 업무 계속 및 부동산 취득세 면제.

투어를 마치며

도시 재생은 특이점이 있어야 한다.

도시 재생은 지속 가능해야 한다.

도시 재생은 예술성을 갖춰야 한다.

도시 재생이라는 용어가 우리에게 익숙해졌다는 것은, 더 이상 무분별한 도시 재개발이 통하지 않는 시대가 도래했다는 것을 방증한다고 볼 수 있습니다. 근사한 쇼핑몰과 멋진 아파트를 아무리 지어 놓는다 한들 도시가 살아나지 않습니다. 자연이 재생되면 떠났던 철새들과 동물들이 돌아오듯, 도시 재생의 핵심은 떠났던 사람들을 다시 돌아오게 하는 것입니다. 사무엘 존슨이 남겼던, "런던에 싫증난 사람은 인생에 싫증난 것이다"라는 교만 섞인 명언은 어쩌면 런던의 도시 재생 키워드가 바로 '매력'이라는 점을 잘 나타내 보이지 않나 싶습니다. 그 매력 덕분에 런던은 전 세계에서 방문객이 가장 많은 도시가 되었습니다. 그래서 런던에는 문화유산에 대한 관광 안내 책자는 많습니다. 관광객을 부르는 과거의 매력 말고, 어떤 것들이 런더너가 되고 싶게 하는 현재와 미래의 매력인지, 어떤 코드들이 인구 면이나 경제적인 면에서 수백 년 동안 런던을 세계 최고의 도시로 남아 있게 하는지에 대해 말하고 싶었습니다.

'영국이 또'라는 말이 있습니다. 이상한 연구 논문의 앞부분은 언제나 '영국

무슨무슨 대학의 연구에 따르면…'이라는 것 때문에 붙여진 말입니다. 그만큼 영국은 다른 서양 세계와는 다른 독특한 사고를 가졌습니다. 그 호기심과 기이함이 영국에 산업 혁명을 가져오게 하고 인공지능 알파고를 만들게 했을 것입니다. 요즘 클릭을 많이 받는 게시물의 제목을 보면 '특이점이 온~'이라는 제목이 유행어처럼 쓰이고 있습니다. 그 유행어를 잠시 빌려 와보자면, 런던 도시 재생의 첫 번째 키워드는 특이점입니다. 키스를 하는 석탄 창고 빌딩, 항구 위에 지어진 공항이나 빌딩숲, 세계에서 제일 큰 대관람차, 안과 밖이 뒤바뀐 건물, 개성과 특이한 아이콘들로 가득 찬 도시가 바로 런던입니다.

도시 재생에서는 부동산 가격이 오르는 것이 정답이 아닙니다. 사람이 돌아와야 하는 것입니다. 살기가 좋아서 거주하는 사람들이 많아져야 하고, 도시의 경제적 역량 강화를 통해서 고용 인구가 많아져야 합니다. 사람들이 살아갈 수 있는 지속 가능한 동력을 가져야만 합니다. 서유럽에서 인구가 가장 많은 런던은 수백 년 전에도 그래 왔고, 현재에도 그리고 미래에도 지속 가능한 동력들을 가지고 있습니다. 그것이 2차 산업에서 3차 산업 그리고 4차 산업으로 유연하게 변해갑니다. 그러한 유연성이 어디에서 왔는지 이 책에서 보여 드리고 싶었습니다.

그중 하나가 도시 전체에 담겨 있는 예술성이라고 말하고 싶습니다. "인생을 짧고 예술은 길다"라는 명언을 굳이 가져오지 않더라도, 어떠한 사물에 예술성이 부여되면 가치가 올라가고 생명력이 부여되는 것을 알 수 있습니다. 런더너는 모두 예술가라는 말이 허언이 아닐 정도로 도시에 예술이 가득합니다. 모든 런더너가 예술의 주인이라는 예술의 민주화 정책을 오랫동안 해 온 결과, 같은 건물이라도 좀 더 예술적으로, 같은 정책이라도 좀 더 예술의 향기가 풍기도록 시행했던 것이 도시를 계속해서 재생시키고 있습니다. 통계에 따르면 세계 문화의 25%가 영국에서 나왔다고 합니다. 그리고 앞으로도 그 수치는 크게 변하지 않을 것 같습니다.

우리나라에서도 이러한 도심 재생 사업은 이미 오래전부터 화두였고, 지금도 많은 행정당국에서 효율적인 도심 재생 사업을 고심하고 있으리라 생각됩니다. 우리의 현실과는 조금은 다를 수는 있지만, 하이테크 기술로 무장하고 창조성이라는 관점에서 도심 재생을 수행해 나가는 런던에서 많은 것들을 참고할 수 있으리라 생각합니다. 아주 즐거운 소식은 우리나라의 문화적인 브랜드 파워가 날이 갈수록 높아져 가는 현상이 우리 도시 재생에 훨씬 더 큰 가능성을 열어 주고 있다는 것입니다. 이 책이 단순한 재미나 정보 위주의 관광 안내서가 아니라 미래를 걱정하며 기존의 문제를 해결해 나가려는 뜻있는 분들에게 유용한 교과서가 될 수 있기를 기원해 봅니다.

london
iconic

미래의 런던 아이코닉 런던

초판인쇄 2022년 2월 14일
초판발행 2022년 2월 14일

지은이 성종민 · 김규봉
펴낸이 채종준
펴낸곳 한국학술정보(주)
주 소 경기도 파주시 회동길 230(문발동)
전 화 031) 908-3181(대표)
팩 스 031) 908-3189
홈페이지 http://ebook.kstudy.com
E-mail 출판사업부 publish@kstudy.com
출판신고 2003년 9월 25일 제406-2003-000012호

ISBN 979-11-6801-378-0 03920

책에 대한 더 나은 생각, 끊임없는 고민, 독자를 생각하는 마음으로 보다 좋은 책을 만들어갑니다.